漫画图解·销售书系

U0733421

销售一定要会

提问

高效成交的
6个提问策略

张 浪◎著

我们美妆区很多产品做活动，要看看吗？

好的！

人民邮电出版社

北 京

图书在版编目（CIP）数据

销售一定要会提问：高效成交的6个提问策略 / 张浪著. -- 北京：人民邮电出版社，2020.4（2023.4重印）
（漫画图解. 销售书系）
ISBN 978-7-115-53161-2

Ⅰ. ①销… Ⅱ. ①张… Ⅲ. ①销售－方法－图解
Ⅳ. ①F713.3-64

中国版本图书馆CIP数据核字(2020)第003714号

内 容 提 要

本书从销售员应该如何重塑销售信念开始，讲述了不易被客户拒绝的提问策略、建立交流关系的提问策略、拓展业务关系的提问策略、评估销售计划的提问策略、快速达成交易的提问策略，以及推动客户转介绍的提问策略，能够指导销售人员引导客户高效沟通，有效推进销售进程，从而顺利成交，实现销售业绩增长。

◆ 著　　　　张　浪
　　责任编辑　单元花
　　责任印制　彭志环

◆ 人民邮电出版社出版发行　　北京市丰台区成寿寺路11号
　　邮编　100164　　电子邮件　315@ptpress.com.cn
　　网址　http://www.ptpress.com.cn
　　北京虎彩文化传播有限公司印刷

◆ 开本：880×1230　1/32
　　印张：7.25　　　　　　　　2020年4月第1版
　　字数：163千字　　　　　　2023年4月北京第8次印刷

定价：49.80元

读者服务热线：(010)81055493　　印装质量热线：(010)81055316
反盗版热线：(010)81055315
广告经营许可证：京东市监广登字20170147号

如何阅读使用本书

RUHEYUEDUSHIYONGBENSHU

本书在创作之初就明确了如下目标：

◆ 为读者提供"拿来即用"的销售技巧；

◆ 为读者创造轻松、畅快的阅读体验。

为此，本书在创作过程中做了如下创新。

1. 理论细化

以"小技巧""小工具""小案例"的形式切入，为读者讲解有效促进成交的销售提问策略。

2. 手绘图解

每节均有场景化的手绘图解，时间紧张或喜欢读图的朋友直接看图也可以快速掌握书中介绍的销售技巧和策略。

如果您时间充裕，我们还是建议您图文同时阅读，既可以消除只阅读文字的疲惫感，又能获得系统性的深度知识。

阅读本书不仅对您工作和生活有帮助，也能够助您启迪智慧、获得成长。

目录
CONTENTS

第一章 重塑信念：提高销售成功的可能性

002　**01**　销售技巧是千篇一律吗

007　**02**　为什么顶尖销售员总有那么多销售机会

011　**03**　明明感觉成交近在咫尺，为何还是功亏一篑

016　**04**　高效成交是需求重要，还是关系重要

021　**05**　不要放弃，坚持就有回报

第二章 不易被客户拒绝的提问策略

026　**01**　情境预判：此刻是否适合提问

030　**02**　提问之前一定要观察到位

036　**03**　一开始先问出"回应"

041　**04**　如何提问，才能消除老客户的拒绝心理

045　**05**　如何提问，才能消除新客户的拒绝心理

049　**06**　虚心请教的问题惹人爱

054　**07**　饱含赞美的提问让人心生欢喜

目录
CONTENTS

059　**08**　消除戒备的问题必不可少

063　**09**　对方赶时间？直接提问

068　**10**　涉及对方隐私的问题不要问

第三章　建立交流关系的提问策略

074　**01**　好奇心是打开深度交流的钥匙

078　**02**　如何提问才能激发客户的好奇心

082　**03**　只有"您"能回答的问题

086　**04**　激发客户产生相关联想的问题

090　**05**　让客户感到新奇的问题

095　**06**　有可能触动客户利益的问题

099　**07**　暗示"我能帮到你"的问题

第四章　拓展业务关系的提问策略

104　**01**　以涉及范围较大的问题开头

108　**02**　先共鸣，再提具体问题

113　**03**　逐渐缩小提问范围，增强客户的信心

目录
CONTENTS

117　　**04**　走进客户内心世界的问题

122　　**05**　提出便于回答的选择性问题

127　　**06**　像专家一样问专业的问题

131　　**07**　规避会影响可信度的问题

第五章　评估销售机会的提问策略

136　　**01**　随意提问是没有什么效果的

141　　**02**　逐步提升提问的"重点"

146　　**03**　状况型提问：获取潜在的机会信息

150　　**04**　困难型提问：发现客户需求

154　　**05**　影响型提问：探询客户对困难的认知

158　　**06**　解决型提问：引导客户关注解决方案

163　　**07**　引入消极因素的中性化问题

第六章　快速达成交易的提问策略

170　　**01**　达成交易的5个前提条件

174　　**02**　时机试探：客户是否准备交易

目录
CONTENTS

178　　**03**　直接提出成交的问题

183　　**04**　强化体验的问题

188　　**05**　追问客户疑虑的问题

192　　**06**　明确客户期望的问题

196　　**07**　有效推进销售进程的问题

201　　**08**　结论提问：让客户提出成交

第七章　让客户转介绍的提问策略

206　　**01**　在客户内部发展更多的"销售员"

211　　**02**　如何问出客户不想推荐的顾虑

216　　**03**　引导客户关注变化的问题

221　　**04**　直接要求客户推荐的问题

第一章

重塑信念：提高销售成功的可能性

信念会提升销售成功的可能性。销售员要想销售有突破，就需要重塑销售信念，相信自己！

销售技巧是千篇一律吗

在销售活动中，销售员常常陷入一种固定的销售模式，即向客户大力推销自己的产品，灌输式地介绍产品的功能。

我们经常会遇到销售员站在路口对来往的路人大力推销："您好，先生/女士，打扰一下，您需要 XX 产品吗？这是我们公司研制出来的最新产品，功能齐全，能够帮助您提升生活品质。您想了解一下吗？现在购买的话，还能享受 9 折优惠……"

面对这种千篇一律的推销，我们大多会立即表示拒绝："谢谢，我不需要。"

销售员也不气馁，迅速将注意力转向下一个目标，又将刚刚对上一个人说过的话重复一遍，通常是又被拒绝……

尽管经常被客户拒绝，但许多销售员依然意识不到自己的问题所在。在他们的观念中，销售技巧都是大同小异的，很难玩出新花样。事实真的如此吗？

当销售员告别了通常的销售模式，向独一无二的销售模式转变时，每一场销售都会给客户带来新鲜感，销售员也会以全新的角度看待自己的工作。同时，他们也会建立起自己的思考，在销售工作中更尽心尽责，发挥出更大的作用。

销售员如何告别千篇一律的销售呢？这里有几点建议可以参考。

（1）销售员不要将自己塑造成推销的人，而应定位成解决客户难

不要将自己塑造成推销的人

学会调动客户的情绪

不同的客户采取不同的策略

告别千篇一律的销售模式。

题的人。

不同的客户会有不同的经历、不同的难题要解决，也会有不同的需求等着被满足，自然每一次销售都有独一无二的办法。

举个例子，如果护肤品销售员"一套话对千万人讲"，不了解客户真实的皮肤状况而直接向客户推荐自己的护肤品，就会让客户产生"销售员很不专业""自己在被推销"的感觉。

相反，如果销售员能从"推销的人"这一身份中挣脱出来，把自己定位为帮助客户解决难题的人，并通过提问的方式先了解客户的需求，然后再向客户介绍能够解决客户问题的产品，如此一来，自然不会轻易被客户拒绝。

（2）销售员要学会调动客户的情绪，让客户对你的销售产生兴趣，

引起客户的兴趣才是"王道"。

而不是听你照本宣科，一味地宣讲产品。

销售员要想让自己的销售变得独一无二，很重要的一点就是吸引客户的兴趣。

美国有一位顶尖销售员。一次，他在车展上看见一位潜在客户，于是上前与其攀谈："您好，我有一种本领，能够猜中别人的职业。"

客户立即表示感兴趣："哦？您说说看。"

"我猜您是一位律师。"因为在美国，律师或医生的职业收入高且受人尊敬。

客户听后乐了："抱歉，让您失望了，我只是一名农场工人，工作内容是宰割牛。"

顶尖销售员丝毫没有因为自己猜错了而沮丧，反而更加热情："我

如果你的销售技巧总是千篇一律，客户同样会用千篇一律的方式拒绝你。

一直对这个职业很感兴趣，也很想知道每天吃的牛肉是如何制作出来的。我有机会看看您的工作场景吗？"

客户欣然答应。销售员赢得了销售机会，去客户的农场参观。期间销售员和客户聊得很投机。

最终，客户购买了一辆货车，还给销售员推荐了其他同事。

为什么这位销售员能成功地将车子销售给客户呢？正是因为他独特的销售技巧引起了客户的兴趣，让客户愿意和他交流，购买他的产品。

因此，销售员要明白销售技巧并不是千篇一律的，如果想让客户购买你的产品，你就要施展不同的技巧，让客户对你的推销方式感兴趣，并愿意和你交流，让每一次销售都变成一种全新的体验。

（3）面对不同的客户施展不同的销售策略

销售员在与客户交流时，要能根据面对的客户的不同性格特征施展不同的销售策略。客户性格各有不同，所感兴趣的话题和销售方式也是不一样的。一般来说，从性格上划分，客户可分为外向型和内向型两种。对外向型客户来说，他们更倾向于轻松活泼、演示式的销售方式；内向型客户则倾向于沉稳、文字式的销售方式。

从年龄上划分，客户大体可分为青年客户、中年客户和老年客户等。不同客户的关注点也是不一样的，这些都是销售员让销售变得独一无二的突破点。即便是使用同一种销售技巧，只要在面对不同客户时稍作改变也能产生不同的效果。

空气净化器销售员王洋从事销售已有三年多的时间了。他的业绩很好，关键在于他总能施展出不同的销售技巧，如故事法、欲擒故纵法、激发情感法等，与客户斗智斗勇，最终拿下客户。

例如，他在面对年轻客户时，会从产品的时尚度、档次和品位上着手，吸引客户购买。他面对中年客户时，则是从产品的除烟味、除粉尘颗粒等健康角度出发，加上使用不同的沟通技巧，客户很容易就被打动了。

总之，销售员需要牢记销售技巧不是千篇一律的，如果你将销售变得千篇一律，客户的回绝也将变得千篇一律！

当你对不同的客户施展出不同的销售技巧时，客户会带给你惊喜。

为什么顶尖销售员总有那么多销售机会

一些业绩不理想的销售员总是抱怨：我根本找不到潜在客户，公司把那些"种子客户"都分给了别人，我从来都得不到销售机会……在他们的观念中，没有销售机会是自己和顶尖销售员最大的差别。事实真的如此吗？

有3个刚刚大学毕业的青年人，他们都想去同一家公司工作。

青年A什么准备也不做，觉得要是能在这家公司工作，享受高薪的待遇，那真是妙不可言！青年B要比青年A好一些，他提前去这家公司附近转了转，了解了一下周围的环境。青年C则做足了准备，首先他了解了该公司的发展史和大事件，然后他了解到总经理的毕业学校、发家史、重大的人生事件、做事风格、爱好等，最后他具体了解了这家公司什么岗位在招人，岗位要求是什么，什么人会被优先录取，积极准备相关面试事宜。

这天，3个人一同去这家公司面试。结果可想而知，青年C脱颖而出。

青年C做足了"功课"，靠着自己的努力赢得了入职理想公司的机会。天上不会掉馅饼，销售同样如此，机会只能靠自己努力创造。

一名业绩惨淡的销售员向主管抱怨："我能把马拉到河边，但是它却不喝水。"主管大吃一惊："你的工作不是把马拉到河边，而是让马觉得口渴。"把马拉到河边让马觉得口渴，就是销售员要努力创造的销售机会。

顶尖销售员之所以业绩突出，是因为他们善于创造和捕捉机会，而

"你的工作不是把马拉到河边，而是让马觉得口渴。"

"我能把马拉到河边，但是它不喝水。"

销售的要义是创造机会。

不是守株待兔。

（1）顶尖销售员善于创造销售机会

顶尖销售员往往善于从客户身上挖掘需求，让客户对他的产品感兴趣，进而不断提高销售的可能性。

销售员王阳向一位20岁左右的姑娘推荐护肤品，但姑娘觉得自己还年轻，皮肤状态很好，并不需要购买护肤品。

王阳并不气馁，反而见招拆招，她从护肤的重要性和最佳护肤年龄出发向客户解说，从不同的年龄段有不同的护肤重点、护肤与不护肤的差别等角度说服客户，创造销售机会。

最后，经过销售员的一番解说，客户终于意识到护肤越早开始效果越好，进而决定立即购买一套适合自己的护肤产品。

漫画图解·销售书系
销售一定要会提问
——高效成交的6个提问策略

要想获得高业绩，我不仅要创造机会，还要捕捉机会！

顶尖销售员的业绩保障：创造机会+捕捉机会。

为什么王阳能销售成功？关键在于她唤起了客户的护肤意识和需求，让客户意识到护肤的重要性。王阳从年龄入手，"越早护肤效果越好"的销售语极大地提升了客户对需求满足的紧迫感，进而自发地做出了有益于销售员的行为。

除此之外，如果销售员能够直指产品能给客户带来的利益，帮助客户解决难题，也能快速激发需求。例如，一位中年女客户抱怨自己深受失眠的困扰，此时销售员可以告诉客户："我们这里有一款助睡眠枕头，能帮助您凝神静气，淡雅的草料香味能让您找到安定感。很多客户使用后都反馈睡眠得到了改善，您可以感受一下。"客户需要解决什么问题，销售员就相应地提供解决办法，这能有效地让客户听从你的建议。

顶尖销售员会把自己定义为一个帮助客户解决难题的人，而不是卖东西的人。

（2）顶尖销售员善于发挥主观能动性，积极捕捉潜在的销售机会

有这样一个销售案例。

一位中年男士到一个品牌店购买西装。男士气度不凡，看起来非富即贵。简单的挑选之后，男士决定购买一套高档西装。

男士拿出钱夹，销售员看到他的钱夹磨损严重，明显与高档西装不在一个档次，于是向他推荐："先生，我们这里有最新款的钱夹。我看您的钱夹用了很久了，您可以再选购一个新钱夹。"

男士听到这里笑了："小姑娘，你真的很有眼力啊！这还是我第一次听见有人建议我换钱夹，那我就换一个吧。"

能够多卖出一个钱夹，正是因为这名销售员通过细心观察捕捉到了销售机会。销售员在销售过程中要观察客户所选购的产品类型和偏好，或对客户的消费能力做出判断等，以捕捉潜在的销售机会。例如，客户购买一件大衣，销售员可顺势给客户推荐一款能搭配大衣的围巾。

同时，销售员还可以从客户的话语中了解客户当前存在什么困惑、烦恼或麻烦等，这些话语里往往也带着销售机会。客户一句脱口的抱怨，如"我最近食欲不佳"等，销售员也可抓住机会，推荐适合客户的产品。

顶尖销售员之所有拥有那么多的销售机会，关键在于他们不仅能有效发现机会，还能积极创造机会，给客户推荐他们需要的产品，满足客户的需求，解决客户的问题。当然，在成就客户的同时也成就了他们自己。

漫画图解·销售书系

销售一定要会提问——高效成交的6个提问策略

明明感觉成交近在咫尺，为何还是功亏一篑

很多销售员曾有过这样的经历：明明感觉成交近在咫尺，最后还是功亏一篑。

例如，一位女士看上了一款大衣，对大衣的款式和设计都很满意，但是在临近付款那一刻又放弃了，以"我再看看"等理由推脱。为什么会出现这种情况呢？

（1）销售员没有找到客户的第二需求

一般来说，大部分客户在购物时是带着需求和目的的，这是客户的第一需求。例如，客户因为想要保暖而购买一件大衣（第一需求），销售员根据客户的需求给客户推荐了一款保暖大衣，并着重介绍了衣服的保暖功能，客户感受到了衣服的质地和用料，对衣服的保暖性能不住地称赞。从表面上看，销售员给客户推荐了一款能够满足客户需求的产品，成交似乎也是自然而然的事情，但客户最终还是放弃了购买，为什么呢？原因是销售员没能找到客户的第二需求。客户的第二需求可能是对衣服的设计、款式、价格等方面有要求，这时候如果销售员一味地强调衣服的保暖性就会错失成交的机会。

（2）客户觉得此次购买"没能尽兴"

通常情况下，当我们选购一件产品时，如内心感到尽兴，会匆匆下单购买，渴望立即获得产品。但也有不少客户在选购一件产品时，

客户没有从杀价
中获得成就感

眼前的产品不是
让客户最满意的
产品

时间拖延导致客
户降低了对产品
的期待和好感

客户"没有尽兴"的3个原因。

对产品各方面都比较满意，但是真到了掏钱购买的那一刻，又觉得"好像少了一点儿什么"。往往正是这种没能尽兴的失落感，使客户最终放弃购买。

"没能尽兴"的原因有三种。

第一，客户没有从杀价中获得成就感。例如，客户看上一款产品，希望能以低于当前定价的价格购买，销售员立即同意了客户的请求。按理说，此时应该能顺利成交，客户却放弃了，原因是他因销售员立即同意而产生了对产品质量的质疑。

第二，眼前的产品确实让客户感到满意，但又不是他最满意的产品。

第三，随着购物时间的不断延长，客户降低了对产品的期待和好感。

销售员催促下单的行为会引起客户的反感。

（3）客户正在担忧某种情况

有时销售员与客户建立了良好关系，也锁定了客户的需求，并推荐了客户需要的产品，客户也表示很满意，可在最后关头客户还是选择放弃，这是因为他们正处于某种担忧之中。例如，他们担心自己把产品买回家会遭到家人的埋怨，自己从来没使用过这款产品担心效果不好，不知道其他卖家的价格担心买贵了，等等。任何一点担忧和怀疑，都有可能让客户最终放弃购买。

（4）销售员有某种不合时宜的行为

客户在购买产品时有自己的节奏和流程，如果这个节奏或流程被外界打破，就会引起其内心的反感。

客户对某款产品表现出了好感，但还打算再比较几款同类产品选出

即便客户打算掏钱包了，仍有可能会放弃这次交易。

一款最满意的产品。这时，销售员却不住地催促，语气带着微微的不耐烦："这款产品就已经很好了，这类东西款式都差不多，而且这款产品库存不多，您今天不买的话……"这种催促下单的行为会引起客户的反感，客户很可能因此而放弃购买。

销售员在客户购物过程中表现出的催单、不礼貌、不耐烦等行为，都会让客户在最后关头放弃购买。因此，销售员即使感觉成交近在咫尺也不要过于着急，要遵从客户的购物节奏。同时，为了避免功亏一篑，销售员一旦发现客户的购物节奏放缓，就要寻找客户犹豫的根源并做出反应。

一位女士明明对销售员推荐的网络课程表示了认可，却迟迟没有付款。在沟通中，她反复提到"之前报的课孩子都是上了两天就不想上了"。她犹豫的根源可能是孩子不喜欢课程。

这个时候，销售员说："如果是这样的话，我建议您先购买我们 7 天的试听课程。如果孩子喜欢 XX 老师的课，并且能够每天坚持学习，您可以再购买后续课程。您觉得呢？"女士一听，欣然同意，很爽快地就付了款。

为什么客户会欣然同意？关键在于销售员遵从客户的意愿并提供了一个不折损客户太多利益、能让客户接受的方案。销售中，并不是每一个对你的产品赞不绝口的客户最终都会购买，甚至可能出现客户已经掏出钱包却在拿钱的最后一步改变了主意的情况。但是，无论是哪种情况，

漫画图解·销售书系

销售一定要会提问

高效成交的 6 个提问策略

销售员都要会分析原因，寻找对策，并注意积累经验，以降低这种情况出现的概率。

成交时机瞬息万变，销售员不能放过任何信号。

高效成交是需求重要，还是关系重要

高效成交是需求重要，还是关系重要呢？

这两者谁更重要，让我想起了某知名交流平台上流传得很火热的一段问答。

问：男性更看重女性的身材、脸蛋还是思想？

答：脸蛋和身材决定了我是否想去了解她的思想，思想决定了我是否会一票否决掉她的脸蛋和身材。

同样，在销售过程中，关系决定了客户是否想了解你的产品，需求则决定了客户是否会一票否决你们之间的关系和产品。

因此，高效成交是需求重要还是关系重要，答案是两者都很重要。

关系决定了客户向你展现需求的程度，而需求决定了客户如何看待你与他之间的关系。两者的先后顺序是，先与客户积极建立关系，进而才能深度了解客户的需求。随着双方需求关系的建立，成交也就变得水到渠成。

因此，通向成交的起点一定是建立良好的交流关系。那么，销售员该如何做才能快速与客户建立良好的交流关系呢？

（1）保持真诚、友好的态度

真诚、友好的态度是建立良好关系的基础。销售不仅仅是产品的买与卖，更是人与人之间的往来。如果销售员本人给客户留下很不真诚的

保持真诚、友好的态度

从对方感兴趣的话题开始交流

积极"配合"客户

快速与客户建立良好交流关系的技巧。

印象，客户就会联想到销售员销售的产品也不靠谱。

真诚的态度最能打动人心，消除对方的防备心理。销售员要想和客户建立良好的交流关系，就要表现得真诚而自然。

沟通时微笑面对客户，而不是面无表情甚至表情冷漠；

通过坚定、专注的眼神传达自己的真诚，切忌眼神飘忽不定；

说话语气柔和而不生硬；

语气要亲切自然，切忌过分夸张。

很多销售员懂得这些技巧，也知道如何在与客户沟通中规避这些问题，但还是有可能给客户留下"不真诚"的印象。归根结底在于，销售员的内在动机就是不真诚的。他并没有抱着"帮助客户、服务客户"的心态去做销售，而是把拿佣金、提成作为销售的唯一目的。如此一来，

聊对方感兴趣的话题，有利于拉近彼此的距离。

无论他怎么"装"，都会流露出"不真诚"的感觉。因此，要想以真诚、友好的态度赢得客户的心，就一定要发自内心地为客户考虑。

（2）从对方感兴趣的话题开始交流

共同话题很容易拉近销售员与客户间的距离。例如，可以从客户的名字、办公室的摆设、彼此的爱好入手。销售员拜访客户时，发现客户办公室的书架上摆放着很多书，于是销售员从书引入话题，询问客户喜欢哪位作家、平时喜欢读什么类型和风格的书。当话题说开了，客户对销售员的防备心也会降低，关系自然更容易建立，这便为成交奠定了良好的基础。

这里需要强调的一点是，销售员在寻找与客户的共同话题时，不要探听客户的隐私或秘密，而是要找一些大家都能聊得起来的话题，如

关系决定了客户向你展现需求的程度，而需求决定了客户如何看待你与他之间的关系。

爱好、职业、兴趣、电影、美食等。切入话题要自然贴切，不要让客户感觉到你是在没话找话。

（3）积极"配合"客户

人们都喜欢和与自己"同频率"的人相处、交流，如果发现对方跟你"同频率"，你会觉得遇到了"同道中人"，内心会对其更亲近，也会更愿意向其表达自己真实的想法。这就要求销售员能"配合"自己的客户。

如果客户性格内向、不喜欢陌生人对自己展现出过分的热情和好感，那么销售员不宜过分热情，以免增添客户的内心负担；相反，如果客户性格活泼，销售员表现得过于疏远，也会给客户造成心理压力。以客户喜欢的方式与其建立关系，更容易引起对方的好感。

简而言之，就是销售员要会察言观色，快速地了解到面前的客户是什么样的性格等，然后配合对方的语调、语速和交流习惯等，尽量地让客户感觉到放松和愉悦，而不是紧张和不耐烦。

同时，在相处的过程中，聪明的销售员会尽量礼让客户，即便客户的想法与自己的想法相悖，销售员也会尝试理解客户表达中的合理部分，先部分肯定客户的看法，让客户觉得自己的意见和建议受到了正视，然后再补充自己的想法。

这里需要强调的是，补充而不是代替，如"我觉得您刚才说得挺对的，尤其在……考虑得非常周全，如果您能再……就更好了"，充分照顾客户的心理感受，能让双方的交流趋于和谐。理解对方，让对方感受到你那颗真诚的、想要帮助他的心，有利于与客户建立和谐、轻松的关系，推进销售。

在销售中，了解客户的需求和建立关系都很重要。销售员首先要通过积极与客户营造友好关系不断了解、挖掘、满足客户的需求。

你不仅要了解客户的需求，还要和客户建立良好的关系。

不要放弃，坚持就有回报

销售员都会有这样一个习惯：被客户的惯性拒绝"伤了心"，所以一旦遭到拒绝，就会立即放弃，转向下一个目标。如此反复，销售员就会把客户的拒绝当成家常便饭，放弃也成了一件很自然的事情。时间久了，销售员就会觉得销售工作越来越难做。

顶尖销售员从来不会轻易放弃！他会不断坚持，有着"三顾茅庐"的勇气和信念。即便一时没能说服客户购买，也会想尽办法坚持下去。顶尖销售员甚至会越挫越勇，客户越是拒绝，越能激起他挑战困难的勇气。

对此，日本销售大师原一平曾深有感触地说道："推销就是初次遭到客户拒绝之后坚持不懈，也许你会像我那样，连续几十次、几百次地遭到拒绝。然而就在这几十次、几百次地遭到拒绝之后，总有一次客户同意采纳你的计划。"

原一平想向一家汽车公司推销企业保险。但是，这家公司向来不缴纳企业保险，之前也有许多销售员前去推销，都吃了闭门羹。和其他的销售员一样，原一平遭到了拒绝，这家公司的总务部长不肯与他会面，他去了好几次，对方都以抽不开身为理由拒绝了。

原一平并没有放弃，而是坚持拜访。两个月后，总务部长被他的坚持所感动，决定见一见原一平。可此次面谈并没有取得好的结果，客户

张总，这是我们的新方案。

本公司有不缴纳保险金的原则。

用你的坚持打动客户。

方不满意原一平的方案。

当天回去后，原一平反复推敲自己的方案，修改后第二天又去拜访总务部长。对方还是不满意，冷着脸说："这样的方案，无论制订多少都没有用，因为本公司有不缴纳保险金的原则。"

原一平还是没有放弃，从此开始了长期艰苦的推销访问，他怀着"今天肯定成功"的信念，前后大约跑了 300 次，持续了三年！

最终，原一平成功了。

原一平把客户拒绝的理由当作突破口，不断调整自己的销售方案，不断"进攻"，坚持下去，最终实现了成交。这也是原一平能成为销售大师的重要原因。

相信自己，保持信念感

把失败当成平常的事情

做到持续不断地拜访

销售员如何做到坚持。

（1）相信自己，坚持信念

销售过程是不会一帆风顺的，销售员要发挥出"铜豌豆精神"，即"蒸不烂，煮不熟，捶不扁，炒不爆，响当当的一粒铜豌豆"。即便客户一时拒绝了你，你也不要轻易放弃，而应积极了解客户拒绝的原因，并根据原因做出改善，改善之后的坚持更有意义。

销售员要始终相信自己，坚持信念，坚定地相信自己的付出是一定会有回报的。

把失败当成平常的事情，不断磨砺自己的心志。

（2）把失败当成平常的事情

俗话说"胜败乃兵家常事"，这句话显现出了一种勇气和气度。销售员若是选择从事销售职业，就要把失败当成平常的事情，不断磨砺自己的心志。

销售员只有坚定信念，才能在遭受失败时扛得住打击，并不因此而丧失信心。销售员要明白客户拒绝自己可能只是客户暂时还没对自己建立起信任，当销售员能坚持拜访，发自内心地帮助客户解决问题时，客户是会给你机会的。

（3）做到持续不断地拜访

有时即便销售员被客户拒绝，也并不是意味着成交毫无希望，这可能是客户拉长了销售进程或战线，考验你的耐心，所以此时销售员要做好打持久战的准备。

例如，当销售员与客户初次接触时，客户虽然有购买意向，但是也没有急着下单。一开始销售员会有积极性，能坚持跟客户保持沟通交流，但时间一长有的销售员就降低了与客户沟通的次数，其实这种做法反而会让客户放弃你、忘记你。因为客户面对的产品层出不穷，也会遇到各种销售员的推销。其实做销售比的就是坚持，你需要比你的竞争对手更积极，更频繁地与客户联系，让你的客户记住你，并为你的真诚感动，进而对你产生信任。

总之，销售就是一种需要你用耐心、毅力和汗水坚持下去的职业，销售员要重塑自己的信念，相信一分耕耘一分收获。

业绩都是用汗水和坚持堆砌出来的，坚持才会有收获。

第二章

不易被客户拒绝的提问策略

摸准客户的心理是一种能力，掌握不易被客户拒绝的提问策略则是一项基本功。

情境预判：此刻是否适合提问

销售员提问的目的是想获得客户的支持与配合，并从中了解到更多有效的信息。如果不能达成这个目的，提问就是无效的。

提问是否有效，关键在于销售员是否会根据情境制造最佳的提问时机。时机对了，问的问题越精准得到的信息就越多。相反，如果时机不对，问什么都白搭。

汽车销售员王明去拜访一位客户。客户正在打电话，甚至与电话那头的人大声争论。客户挂掉电话之后，冷眼询问王明："您找谁？有什么事情吗？"

王明立即笑着答道："我是XX汽车公司销售员王明。我们公司刚出了一款新车，时尚靓丽，您要看看吗？"

客户听后低下了头，冷冷地答道："不需要！"

为什么王明会遭到客户拒绝？因为他没能进行情境预判，即没能在合适的时机和气氛下向客户提问。客户当时刚刚在电话中和对方发生激烈的言语冲突，明显心情不佳，这时王明问客户是否想要了解自己的产品，客户当然会拒绝。

在提问之前进行情境预判，是确保提问有效的重要一环。只有在合适的时机发问，才能有个好的开端。这样不仅能引起客户的注意和配合，还有助于打开销售局面。在判断提问时机时，销售员可以重点关注两点：

周总，听说您最近升职啦!恭喜恭喜!

谢谢，我最近刚好想与你们聊聊关于……

人在心情愉快的时候，觉得什么都好。

客户的情绪和时间。

（1）判断客户当前的情绪

心理学有一个重要现象，即"好心情现象"：人在心情愉快的时候，觉得什么都好，以前看不惯的事情也觉得可以容忍了。这一原理也可以积极运用到销售场景中，在客户心情好的时候向其销售，很可能会让你如愿以偿。例如，客户刚刚升职，心情大好，销售员抓住机会以恭喜他升职为突破口，顺利获得与之继续沟通的机会。

其实，我们在与人相处时也会有这样的感受，当我们情绪积极高涨时，面对他人的询问，我们往往会尽量配合，双方交谈也更为愉快；相反，当我们情绪低落、心情郁闷时，我们很难用好心情来面对对方，也难以投入对话，而是只想敷衍了事。

客户开会时，绝对不能打扰。

　　因此，销售员在提问之前，要先判断客户的当前情绪如何，了解此时是否适合提问。要尽量挑选客户情绪愉快的时机向其提问，这样成交的可能性更大。

　　如果对方眉头紧锁、双唇紧闭、愁云满面，销售员最好不要"自讨没趣"。相反，如果客户面带微笑、眼神温和，此时就是合适的提问时机。

　　当然，不是合适的提问时机并不代表销售员一定要退避。销售员有

提问之前一定要进行情境预判，鲁莽发问只会让你输得很惨。

时也可审时度势，先说一些提升对方好感的话语再提问。例如，"刚才看您心情有点儿不好，我今天还是先不打扰了，下次我再过来拜访"（理解客户）；"不好意思，我可能有点冒昧了。可我还是想说，您别生气，要不我给您讲一个笑话"（逗乐客户）等。在这个过程中，销售员一定要态度真诚，否则可能会让客户觉得你"没安好心"。

（2）判断客户是否正在忙碌

当客户正在忙碌时，若贸然提问，不仅不会得到有效的回应，还会让客户觉得销售员很没有分寸。因此，当客户打电话、与他人交谈、正在开会时，都不要贸然提问。例如，客户此时正在开会，销售员贸然提问"您好，我们公司最近新出了一款产品，您有兴趣……"。客户一定会直接拒绝"不好意思，我们现在正在开会，没时间……"。这就是不对情境进行预判的案例。

我们再具体分析一下哪些忙碌时刻是绝对不能打扰的，哪些忙碌时刻是可以"等等"再打扰的。

当客户正在开会、正要出差时，绝对不能打扰。因为这时客户不只是在忙着自己的事情，他还在忙着与别人交流。此时你打扰的不是客户一个人。

客户正在通电话时也不要贸然上前，可"等等"再打扰，你可以等客户挂完电话后再去询问。需要注意的是，你在等候客户的期间，需要不动声色，不要弄出声响。

值得强调的是，当自己一时判断不准时不要贸然提问，而是应多观察一段时间，直到自己确认状况。

时机对了，问的问题越精准得到的信息就越多。

提问之前一定要观察到位

不少销售员在见到客户的一瞬间，常常立即开口提问，进入自己的销售流程，其实这一行为会让你错失很多关键信息。正确的流程是先观察后提问。为什么我们要观察客户呢？

因为你可以从观察先行了解到客户的爱好、个性、情绪、审美、经济情况等有效信息，在基于观察所获得的信息的基础上去调整、改良，选择令客户感兴趣的方式提问，能提升成功率。

李琴是一名吸尘器导购员。一次，一位打扮时尚、靓丽的中年女性走进店里。李琴立刻热情地迎上去："您好，欢迎光临！您需要购买吸尘器吗？我们店里的产品在市场上的口碑很好，用起来特别方便……"李琴说着就随手拿起一款吸尘器准备向客户展示它的功能，客户立即回绝："不用了，谢谢。"

李琴非常不解，客户的衣着高档，妆容很精致，经济实力应该不错。而且客户是直接走进店里的，说明她的确有购买吸尘器的打算。但为什么自己刚开始介绍，客户就拒绝得如此干脆利落呢？

关键在于李琴提问前没能观察到位！李琴没有注意该中年客户打扮时尚、靓丽这个关键信息。一般来说，打扮时尚、靓丽的中年女性客户有着自己的独特审美，购买产品时更注重产品的外形，比起产品的实用之处，她更看重产品的外观。

提问之前一定要仔细观察。

　　如果李琴观察到客户的特点，并在此基础上从产品的时尚外观展开提问，成功的概率会大大提升。

　　提问前先观察到位是非常重要的。大到整个空间环境，包括客户公司所在的位置、楼层面积、办公室牌、室内装修风格等，小到客户的表情、穿衣风格、客户的发型、鞋子、手上的配饰等，都要观察到位，因为这些都有可能影响到提问的效果。

　　销售员李清去拜访一位客户。见面时，他发现这位客户头发有些蓬乱，且有明显的白发。据此他判断，比起体面的外在，这位客户可能更注重实际利益。接下来他看到客户放在桌子上的手机还是几年前的款式，而且已经用得很旧了。另外，客户的办公室装修得也很简单，并无昂贵的摆设，都是一些实用性很强的办公设备。这些信息都指向客户不注

客户的额头、头发、指甲、穿着和饰品

客户办公室的装修风格、墙上的字画、摆放的小物件

客户公司的铭牌、大门的设计和装饰风格

客户办公室的窗户、盆栽

销售员的观察清单。

重外在表现而是更看重实际利益。基于以上观察结果，李清问道："我们这里有一款实用性很强的产品，能够帮助您节省约10%的生产成本，您要了解一下吗？"

客户果然被勾起了兴趣："哦？节省10%的生产成本？怎么做到的？"

李清接着说道："张总，我来之前也做了一些准备工作。您公司主要是做XX生意的，在产品生产这块，如果您这样……"

自此，李清顺其自然地打开了话题，和客户进行了深入的沟通。

在李清的提问里，有两个关键词，即"实用性"和"节省成本"。这恰恰是李清观察出来的结果——客户更重视实际利益。基于此，李清顺利通过一个问题打开了和客户深入沟通的大门。

提问前如果漏掉观察的环节，会让你错过很多有用且关键的信息。

这就是在提问前观察到位所带来的好结果。只要观察到位，就能知道怎么提问会引起客户的注意，从而激发客户的兴趣，顺利打开销售局面。

具体来说，销售员要在提问前做好哪些观察工作呢？

（1）观察客户公司的铭牌、大门设计和装饰风格等

一般来说，如果客户公司的铭牌、大门比较豪华，而且大门周围非常干净、整洁，说明客户公司的经济实力比较强，发展空间也很大。该类型客户会偏好一些较为昂贵的、奢华的产品。销售员在提问时，可以从产品的体面性、贵重性等角度设计问题。例如，"我们这款产品有很多成功人士都在使用，特别适合像您这样的精英，您要了解一下吗？"

相反，如果客户公司的铭牌较小、大门设计也较为简单，而且大门周围不是很干净、整洁，说明客户公司的经济实力较弱，发展空间也较小。该类型客户会更看重产品的实用性和实惠性。销售员在提问时要更偏向于强调产品的物美价廉。例如，"我们这款产品价格实惠，而且好评率很高，市场已经卖出近10000件了，您要了解一下吗？"

（2）观察客户的额头、头发、指甲、穿着和饰品等

一般来说，如果客户的额头舒展，说明客户的性格较为豁达，不会斤斤计较。面对这类客户进行提问时，销售员可以选择轻松、活泼一点儿的方式。而额头紧锁、眉间有皱纹的客户，一般性格敏感多疑，甚至有些神经质。针对这类客户，销售员在提问时问题中要带有"有利于对

大到环境，小到客户身上的配饰，都能成为观察的对象。

方的事"，以便打消他的顾虑和戒备。例如，"我今天带来了一些对您很有用的资料，您要看一看吗？"

此外，如果客户的头发、指甲都保养得当，穿着精致且佩戴精美的饰品，说明客户的内心细腻且注重生活品质和细节。销售员在对这类客户进行提问时，可以从细节出发，如"张老板，我们的产品专注于打造细节，彰显生活品质，您要看看吗？"

如果客户的头发、指甲没有保养，甚至有小污垢，且穿着随意，说明客户不拘小节且非常自信。销售员在提问时可以适当地称赞客户，如"我一直很敬佩像张老板这样拼命工作的人，我们的产品也跟随张老板的步伐，越做越好。我们最近新出了一款产品，可以解决您之前困扰的XX问题，您要了解一下吗？"

（3）观察客户办公室的装修风格、墙上的字画、摆放的小物件等

如果客户办公室的墙上挂着名家字画或与名人的合影，说明客户比较看重荣誉地位。此时销售员也要看重客户所看重的荣誉这一点，进行有针对性的提问："这是XX大家之作。张总，您真的很有品位啊！我今天也给您带来一款很有品位的产品，您要先看看吗？"如果客户的办公室摆放着很多书，就说明客户注重文化内涵，此时销售员可以这样提问："李老板，您一定很爱看书吧？我每次听您说话都有很大的收获。您最爱看哪一种类型的书呢？"

（4）观察客户办公室的窗户、盆栽等

从客户公司办公室的窗户、盆栽等细节，也能看出重要的信息。一般来说，如果客户公司窗明几净、盆栽生长得很好，说明客户很注重细节且公司发展得较好，客户的性格也比较随和。对这类客户，销售员在提问时要强调细节和外观，如"张总，我们这款产品在 XX 细节上做了创新，不但外观看起来更漂亮，使用起来也更方便，您要了解一下吗？"

相反，如果客户公司的窗户不太干净、植物生长得也不旺盛，甚至有枯萎的迹象，说明客户的个性懒散，公司发展得也不太理想。对这类客户，销售员在提问时一定要强调物美价廉，如"李总，我们公司最近在做 10 周年活动，所有产品均打 7 折，而且还有大礼包赠送，您要了解一下吗？"

客户喜欢的提问更能赢得对方的配合和好感。因此，提问之前先观察到位，能极大地提升提问的有效性，吸引客户进入你所设定的"频道"，顺利打开销售局面。

> 观察的目的是进行有效提问，赢得客户的配合和好感。

一开始先问出"回应"

我们都知道对话是双向交流，有来有回。对话能否有效建立，关键在于能否得到对方的回应。如果有去无回，那么两个人的交流就不具有实质性。这也是很多销售员都苦恼的一个问题，即自己问半天，但客户坚持"沉默是金"。

只有得到对方的"回应"，对话才能继续下去。如果客户在一开始就拒绝销售员了，那么这个提问就是失败的，不但无法让对话继续进行下去，更不可能了解到促进销售的信息。

因此，销售员在一开始就要先问出"回应"。这里的"回应"有两个意思：一是客户愿意回答你的提问，二是客户的回应带着一定的有价值的信息，能让双方展开两轮以上的交流。

那么，如何才能问出客户的"回应"呢？

（1）"您了解我们公司/产品的情况吗？"

一般来说，当销售员询问客户"您了解我们公司/产品的情况吗"时都能得到客户的"回应"，这时会出现两种情况。

第一种情况：客户了解销售员的公司或产品的情况。

销售员："您好，您了解我们的产品的情况吗？"

客户："嗯，了解一些。"

销售员："非常感谢。您对我们的产品有什么印象呢？"

销售员要问出"回应"。

客户："挺好用的，尤其是 XX，特别适合我。我已经是你们家的老客户了。"

销售员："真的太感谢了。我们最近正在进行 XX 促销活动，个别商品低到 3 折。您有什么需要的，可以进来看看，这里有很多产品都在做活动……"

客户："真的吗？那我得好好看看。"

第二种情况：客户对销售员的公司或产品不熟悉。

销售员："您好，请问您了解我们的公司吗？"

客户："不好意思，不太了解。"

销售员："这样啊，我们公司是提供 XX 服务的，XX 您有什么看法呢？"

客户："这个啊，其实我没有什么看法……"

不好意思，我现在有点忙。

冒昧问一下，是什么事让您如此着急？

从客户的拒绝中问出"回应"。

销售员："这样啊，我们公司就是专门做这个领域的，具体提供的服务项目有……像我们每天起床后……"

客户："原来是这样啊。那我想问一下，就是……"

可见，当销售员提出这个问题后，无论客户回答"了解"或是"不了解"，销售员都可以根据客户的回应做出进一步的解说。

（2）"反其道而行之"提问法

一般来说，销售员在提问客户时，为了获得客户的关注，都会突出产品的某个方面或某种价值。例如，"XX对身体很重要，您知道吗"等。不少客户也在被推销的过程中，渐渐熟知销售员的这种"技巧"，因此会敷衍作答，如"还行""一般""嗯"等。如果销售员还想进行下一步询问，客户就会习惯性地拒绝"不好意思，我不需要""不好意思，我还有

客户敷衍作答时，可采取"反其道而行之"的提问方法。

事"等。

面对这种情况，销售员如果采取"反其道而行之"的提问方法，可能会收到另外一种效果。例如，"您是不是觉得'只有年纪大的人才需要购买保健品'呢？"销售员的提问正中客户的心思，客户会下意识地回答"对啊"，同时被勾起继续了解的兴趣。如此一来，销售员就获得了让对话继续下去的机会。类似的表达还有"您是不是认为 XX 不是一件重要的事情""您是不是认为自己现在还不需要……""您是不是认为……是一件浪费时间的事情"等。

（3）从客户的拒绝中得到更多的回应

有时候，客户会习惯性地拒绝推销，不愿意将过多的时间花在一个自己可能不需要的产品上。这时候销售员要学会从客户的拒绝中得到更多的回应。

销售员："您好，我想为您介绍一下我们最新的产品。这个产品是采用最新科技研发的……"

客户："我知道这个产品很好，但是我现在真的没有太多时间听你介绍。"

销售员："的确，像您坐在现在的位置上一定非常忙。可以问一下，您现在都在忙些什么吗？"

客户："有一些急事要处理。"

销售员："具体来说呢？"

客户："我现在有一个很重要的项目。"

销售员："看来您真的很辛苦！其实我想说的正是如何做好时间管理，帮助您提高工作效率的事。您给我 10 分钟时间就够了，能听我说一下吗……"

当客户以"没时间"作为理由拒绝销售员时，销售员使用共鸣 + "事实上我正是来解决您说的……"的表达方式，一步步得到了客户的回应，并一步步推动对话继续进行，打开了销售的局面。

无论你采取哪种方法进行提问，核心都在于要得到客户的"回应"。有时候，哪怕是一见面就称赞客户的发型很漂亮，问他在哪里设计的发型，都是非常不错的提问策略。总之，当你开口提第一个问题的时候，一定要把"得到客户的回应"放在首位，否则，后面所有的销售提问技巧对你来说都是无用的。

> 当你开口提第一个问题的时候，一定要把"得到客户的回应"放在首位。

如何提问，才能消除老客户的拒绝心理

销售员与客户打交道越久，或者说交流越多，双方就越清楚对方的目的和诉求。同时，销售员会发现客户总是与自己"作对"。这里的"作对"，并不意味着客户无理取闹，而是他们存在的每个客户都会有的拒绝心理。

尤其是与销售员有过成交的老客户，他们的拒绝常常是因为不接受销售员推荐的新产品、使用该销售员推销的产品后获得不良的体验等。如果销售员不能采取有效的提问方式，往往会把事情弄得越来越糟。

销售员王丽问客户："陈姐，最近需要买什么衣服吗？我们店里又到了一批新货。"

客户上个月在王丽的推销下买了一件不是很适合自己的衣服，甚至因此被同事嘲笑。所以，再次听到王丽的推荐她立即产生了拒绝心理，不冷不热地回答："我暂时还不需要买衣服。"

王丽坚持不懈地说道："您来看看吧，看到喜欢的再买。"

客户态度坚决地答道："真的不用了，我现在还有事情，先去忙了。"

王丽的第一次提问只是常规的推销式提问，并没有什么亮点，所以客户的回应带着拒绝心理。但是，王丽并没有通过进一步提问消除客户心中的不满，反而继续推销，结果使得事情向更糟糕的方向发展，不仅没能销售成功，还有可能危及彼此之前建立的关系。

通过提问激发客户的好奇心

问题中带着给老客户的利益

提问时减少陈述和个人评价

问出客户的不满并积极解决

消除老客户拒绝心理的策略。

那么，如何提问才能消除老客户的拒绝心理呢？

（1）通过提问激发客户的好奇心

当人们对一件事物产生好奇时，会主动询问与该事物有关的信息，下意识地投入其中，这无形间会消除自己的拒绝心理。因此，销售员如果一开始不确定老客户是否存在拒绝心理，可以通过提问激发客户的好奇心，从一开始就消除老客户心中可能存在的不满。

例如，"张姐，我们店里又到了一批新货，有两件裙子款式特别好，不过特别挑人的气质和身材，我看只有您穿上才好看。您今天要来看看吗""李哥，您最近不是喜欢玩赛车吗？我们店里的赛车服是最近刚在国际上获奖的新锐设计师设计的，特别有型，我给您留了一件，您哪天有空来试试"等。

> 这是我们店里新到的升级款，您要看看吗？

减少陈述和个人评价，真诚、直接地进行提问。

（2）问题中带着给老客户的利益

客户有过购买产品的经历，因此对销售员和其销售的产品有一定的了解。这时候，销售员无须赘言自己的产品和优势，直接在问题中给出一定的利益反而更容易激发老客户的兴趣，消除其拒绝心理。

例如，"张姐，您上次看上的那款大衣我们现在在做活动，您来看一看吗？还有很多好看的款式也在做活动……""王总，您上次说的那个项目，我们公司有了新的计划，能够帮助您降低一些成本，您现在要了解一下吗"等。

消除老客户的拒绝心理，关键在于好奇心和利益。

（3）提问时减少陈述和个人评价

提问中减少陈述和个人评价也是非常重要的一点。俗话说"说多错多"，说得越多越容易激起对方的厌烦心理和拒绝心理。例如，"今天天气真的挺好，尤其是太阳很大，感觉是难得一见的好天气。您觉得呢？"对方听到你的提问，可能会下意识地产生拒绝心理，因为在他看来"今天的太阳很大，很热，天气很不好"。

因此，在面对老客户时，最好是真诚、直接地提问，例如，"我们这款产品的性能您已经体验过了，我记得当时您对产品的外观不太满意。我们店里新到的升级款，在原有性能的基础上，对外观设计做了优化，您看哪天有空来店里看看？""您最近的皮肤状态好了很多，可见这款产品对您的肌肤问题比较有效。但是，一定要坚持用哦。今天刚好店里在做活动，买一赠一，您要再多买一些吗？"。

（4）问出客户的不满并积极解决

一旦在沟通中觉察到老客户存在拒绝心理，销售员一定要第一时间进行应对。最好的应对方式就是直接询问："您似乎心情不太好，是因为我或我们的产品吗？"如果客户的确对你或你销售的产品存在不满，一般都会正面回答，甚至不停地抱怨以发泄心中不满。一旦问出客户的不满，销售员就要积极提供解决方案，消除客户的拒绝心理。

值得强调的是，销售员也要对自己与老客户的亲疏关系做出判断。一般来说，与老客户越是熟悉，说话就越要干脆利落，而不要拐弯抹角。半天说不到重点，浪费客户时间的提问方式，会激发老客户的拒绝心理。

一旦发现老客户存在拒绝心理，干脆利落地问出来反而比拐弯抹角好。

如何提问，才能消除新客户的拒绝心理

相对老客户的拒绝心理，新客户的拒绝心理一般比较单纯，通常表现为不听从销售员的推荐，拒绝了解或购买销售员所推荐的产品。这种拒绝心理的背后一般只有3个词：不需要、不喜欢、不想要。因此，要消除新客户的拒绝心理，就要在提问中把"不"字去掉，激发客户的"需要""喜欢""想要"。

（1）友情提醒式提问

不少新客户一进店铺，销售员立即开启"劈头盖脸"式的提问："您好，您需要点什么呢？我们店内的口红正在做促销，您要看看吗？还有面膜也在做活动，您要看看吗？您是需要点什么吗……"面对这种连番轰炸的推销式提问，新客户会觉得招架不住，进而产生拒绝心理。

类似的提问方式还有"女士，您需要什么样的产品""女士，请问您需要什么价位的产品""先生，请问您需要什么类型的产品"等。这种提问方式只会让客户无奈且心烦地回复一句"我自己先看看"。这一句话也正表示销售员已经激起了客户的拒绝心理，双方之间也形成了一道"冰带"。接下来销售员要是再强行介绍，关系只会变得更加尴尬。

因此，销售员与新客户接触时，一定要停止推销式提问，尽量选择友情提醒式提问。例如，"我们的美妆区在B区，现在有很多产品正在做

我们美妆区很多产品在做活动，要看看吗？

好的！

友情提醒式提问不易遭到新客户的拒绝。

活动，需要我带您过去吗？""我们店内今天刚上的新款，您需要了解一下吗？"等。

（2）暴露缺点式提问

在销售中，越是被销售员描述得完美无瑕的产品越难以让人信服，也越容易激发客户的拒绝心理，毕竟世上没有十全十美的产品。因此，要消除新客户的拒绝心理，销售员就要适当地"曝光"产品存在的一些微不足道的缺憾。

例如，"这款手表精致耐看，是今年的最新款。但它也有一个小缺点，就是一天会慢 20 秒。虽然这也使它变得与众不同，但我还是不愿意向客户出售有瑕疵的手表，您确定自己喜欢它吗？"这种主动"曝光"产品缺点的销售方式，反而显得更加真实可信，不但会彻底消除新客户对

该款小手包只赠不卖，您只要再多付10元钱升级您刚才购买的套餐，即可获赠。您需要升级套餐吗？

限制购买式提问能消除新客户的拒绝心理。

"推销"的拒绝心理，还有可能刚好击中客户 "想要与众不同"的心理，实现成交。

（3）限制购买式提问

在消费心理学中，客户有一种"物以稀为贵"的心理，越不容易买到的商品越容易激发客户的购买行为。因此，销售员越是极力向客户推荐某一款产品，客户越是会小心谨慎。相反，销售员越是"不愿"出售的产品，客户就越是想要得到。

因此，不少商家会对个别产品打出"限购1件""限售10件""只赠

消除新客户的拒绝心理，关键在于提问方式。

不卖"的字样，以此激发客户的"猎奇""珍稀"的心理。

例如，某快餐店推出一款造型独特的玻璃杯，很多消费者想购买。但该店销售员表示："该款玻璃杯只赠不卖，您只要再多付 10 元钱升级您刚才购买的套餐，即可获赠。您需要升级套餐吗？"在这种情况下，大部分人会选择"升级"，以获得"想要"的玻璃杯。

一旦客户觉得自己"需要""喜欢""想要"，拒绝心理就会自动消除。

（4）增强信心式提问

有的新客户因为对产品不是很了解，所以面对销售员的推销会产生拒绝心理。对这类客户，通过提问增强他们的信心对消除其拒绝心理是非常重要的。

具体来说，销售员在提问时要提升产品的专业性、针对性等特点，但也无须赘言其具体功能和优势。例如，"我们这款洗发水是针对脱发问题研制的，请问您平常脱发严重吗？""我们是专门做少儿大脑开发领域的，请问您家宝贝多大了？"等。这种提问方式更利于得到对方的答案，收集促进销售的关键信息，同时也会使对方消除自己的顾虑和拒绝心理。

总的来说，新客户产生拒绝心理的根源在于"被推销"。销售员要消除其拒绝心理，无论采取哪种提问策略，都必须弱化推销色彩，让客户感觉你在为他考虑，你在为他提供帮助，你在帮他解决问题，等等。否则，任何提问策略都是无效的。哪怕你只有一点儿"推销"的意图，只要被客户捕捉到，你就彻底失去了与之继续对话的机会。

销售员在消除新客户的拒绝心理时，要弱化推销色彩。

虚心请教的问题惹人爱

"您好，请问您知道如何去市博物馆吗？"

"你知道去市博物馆怎么走吗？"

面对以上两句问询，你愿意回答哪个问题呢？我更愿意回答第一句。因为第一句包含着友好、谦虚请教之意。第二句则较容易激起人们的反感心理。

在销售领域同样如此，如果销售员向客户提问时表现出妄自尊大、趾高气扬的样子，客户是不乐意配合的。

王明在销售工作中总是不自觉地露出骄傲、不可一世的姿态，常常不懂装懂。如果在销售过程中被客户问住了，王明也会通过说大话为自己解围。

一天，他正在向客户推荐一款人工智能产品，在遭到客户拒绝后，他说："你们的想法真的太不对了！现在大家都在使用人工智能产品，你们真的不打算考虑一下吗？这个产品的价格也不高，我觉得你们完全负担得起。要是错过了，你们别后悔！"

客户看到王明一副高高在上、趾高气扬的样子，没好气地回道："是啊，我不打算考虑。"

为什么客户会生气拒绝呢？关键原因是王明在提问时表现出高高在上、趾高气扬的样子，他充满着浓浓优越感的提问方式，让客户感觉自己

是啊，我不打算考虑。

你的想法太不对了，不打算考虑一下吗?

高傲的姿态只会让客户远离。

没能得到应有的尊重。

在销售中，不少销售员不愿意扮演虚心请教者，仿佛如此就会显得自己无知一样，他们在面对客户时总是装成一副高深莫测的模样。这种行为往往很容易会被客户瞬间识破，反而会加深客户的负面心理。

虚心请教的问题才是惹人爱的。从深层面考虑，因为无论在何种关系中，我们内心都会有被尊重、被满足、被重视的需要；从浅层面考虑，我们希望与他人相处时，尤其在他人对我们有所求时，能被他人礼貌对待。因此，销售员提出虚心请教的问题往往更容易得到客户的积极回应。

我们列举几个销售员常用的虚心请教的提问句式。

（1）"我想请教一下……"

"我想请教一下……"这种开场白模式，几乎是虚心请教的一个万

虚心请教式提问的句式。

能公式，无论何时何地都适用。类似的表达还有"请问一下""我能问您一个小问题吗""能允许我问一个问题吗""您好，现在能打扰您一下吗"等。它的优点在于不受条件的限制，可以随时随地提问。问题简短有力，能在瞬间传达出销售员的谦和、友好态度。而且，提出的问题也比较轻松，客户甚至会下意识地配合你接下来的提问，进而顺利进入良好的交流状态。

（2）"您方便分享一下您对……的看法吗"

"您方便分享一下你对……产品的看法吗"更适合对销售的产品有一定了解的客户。一般来说，这类客户可能购买、使用过该款产品或同类产品，也有可能与销售员相识。类似的表达还有"对……问题，您怎么看呢""您对我们的产品……有什么更好的建议吗"，等等。

每个人内心都会有被尊重、被满足、被重视的需要，因此虚心请教的问题惹人爱。

这种请教式提问的好处在于，客户有回答或不回答、分享或不分享的自由，会极大地照顾到对方的心理感受，让客户充当"意见领袖"，给予客户更大的参与感和自主权。同时，销售员也能从客户的回答中了解客户对产品的熟悉程度、看法或见解等。

销售员："您方便分享一下您对我们这款粉底的看法吗？"

客户："还挺好用的，我一直在用你们家的这款粉底。"

销售员："我们这款粉底是……的确比较适合您。您还了解我们家的其他产品吗？"

客户："不太了解。"

销售员："我推荐您了解一下这款口红，好评率很高。您想试用一下吗？"

客户："可以啊……"

销售员利用"您方便分享一下……的看法吗"虚心请教客户对已购买、使用过的产品的看法开场，表达了友好、亲和的态度，让客户感觉自己被放在了重要的位置上，从而更愿意给出答案，快速进入交流状态。

（3）"不好意思，您刚才说到的'XX'是什么意思呢"

销售员在和客户沟通时，如果客户提到过于专业的词语，而销售员并不能清楚地理解这个词语的意思，这时销售员不要不懂装懂，而是要真诚地询问客户："不好意思，您刚才说到的'XX'是什么意思呢？"类似的表达还有"我能这样理解您刚才说的'XX'，是这个……意思吗""您刚才提到的'XX'我不太懂，您能具体解释一下吗""我对您刚才说的'XX'非常感兴趣，您可以再多介绍一些吗"，等等。

一般来说，喜欢使用专业词语的客户都有一定的"炫耀""好为人师"的心理。这个时候，销售员抓住机会提出请教的问题，客户一定会非常高兴地给予解答的。在这种友好气氛的感染下，销售员往往可以自然且轻松地与客户继续展开沟通。

极少有人面对他人的虚心请教表现出拒绝态度。因此，要想消除客户的拒绝心理，在一开场时提出虚心请教的问题比较有效。这就要求销售员在与客户交流时抛开自己骄傲自大的一面，温和、礼貌地请教客户。

虚心请教的问题往往带着你的真诚和尊重，会让客户愿意配合。

饱含赞美的提问让人心生欢喜

赞美是成本很低却能收到很高回报的人际交往法宝。如果销售员能够将赞美融进开场提问，就如同将提问沾上了蜜糖，让人听了心里泛着甜蜜。这样，对方自然愿意回答你的问题。

服装销售员李璐特别会赞美人。她在看到客户的瞬间就能发现客户身上的闪光点，自然而又不失真诚地赞美客户，让客户心生愉悦，营造和谐的沟通氛围。

一次，她看见一位打扮时尚的年轻客户，于是她笑着问道："您是第一次来吧？您的气质可真好，很多人都这样说过吧？"

客户笑着说："谢谢，我是第一次来。"

李璐说："我就知道您是第一次来，像您这样气质出众的美女要是来过，我不可能不记得的。我们今天刚上了一些新款，您看看有没有喜欢的？"

客户欣然接受。

李璐将对客户的赞美融入提问，不但迅速赢得了客户的好感，还了解到客户是"第一次来"，进而找到了继续对话的突破口。那么，如何在提问中赞美客户呢？

（1）赞美的内容越具体，越能够得到客户的回答

泛泛的赞美极容易变成奉承，让人觉得你不够真诚进而产生拒绝心

您的眼睛像是有星星在里面，好明亮啊！您很注重保护眼睛吧？

是吗？您过奖了！我平时……

饱含赞美的提问让人心情愉悦。

理。例如，很多销售员都喜欢称呼女性顾客为"美女"，表面上看这是对女性客户的一种赞美，实质上却是一种敷衍。如果对方恰好算不上美女，她听到这样的称呼就有可能感到厌烦。

　　但如果你这样称赞她："女士，您的眼睛真漂亮，又黑又亮，像是有星星藏在里面。您平常一定非常注重保护眼睛吧？"相信她一定非常乐意和你分享保护眼睛的秘诀。因此，赞美客户一定要针对某一个特点进行具体的赞美。如果这个特点恰好和你销售的产品相关，那最好了。例如，服装销售员要多多赞美客户的身材、肤色、气色等。

　　（2）"引用第三人称赞美"增添说服力

　　"引用第三人称赞美"，不仅更具有说服力，还能消除彼此之间的隔阂感。例如，"我早就听张总说，李总长相帅气、风度翩翩，今日一见

小朋友太有礼貌了!您平时对他的教育一定很用心吧?

阿姨好!

巧妙称赞对方在意的事情,会让对方愉悦!

果真如此。您平时很注重身材管理吧?"背后的指责会让人感到愤怒,而背后的赞美让人惊喜。当客户听说你们都熟知的第三人在背后赞美他时,一定会非常高兴,而且瞬间对你感觉亲近了很多。如此一来,就能顺利打开和谐交流的局面了。

类似的表达还有"李姐,我上次就听同事说您是个气质美人,今天一见果然气质非凡。您平时很注重皮肤管理吧""王总,我来之前听李总说您的公司规模很大,果然如此啊!管理这么大的公司,很辛苦吧""我刚才听您领导说您的办事能力很强,和您合作,我真的很安心啊。听您口音是南方人,是吗",等等。

（3）借助问题巧妙地称赞对方在意的事物

销售员还要有一种眼力,即从客户身上看出他珍视的物件或他在乎

赞美的内容越具体、细小，越容易让对方信服。

的人、事、物等。例如，"您脖子上的围巾真好看，尤其上面的刺绣工艺非常特别，看着不像是买的，应该是哪位巧手织的吧""您脖子上的项链真好看，在灯光下更显得熠熠生辉，它对您一定有特别的意义吧"，等等。

类似的表达还有"您家的孩子真有礼貌，很少有客户家的孩子主动向我问好。您平时对他的教育一定很用心吧""您家的孩子长得真漂亮，这大眼睛一定是随了妈妈吧""您夫人的气质真好，您一定花了不少心思才追上的吧"，等等。

巧妙地称赞对方在意的事物，会让对方非常受用。即使你问不出具体的答案，也会为接下来的沟通营造一个和谐、愉悦的氛围。

需要强调的是，销售员采取赞美式提问方式时，一定要注意以下几点。

态度一定要真诚。眼神、语气、表情要真诚，不要让客户觉得你是为了讨好、谄媚而赞美，否则只会引人反感。

赞美要适度。赞美是让人愉悦的，但是也要适度。过度或漫无边际的赞美，反而会让人觉得"很假"，赞美的效果也会大打折扣。

提问要结合赞美的内容。例如，称赞客户气质好，可以询问皮肤、仪态管理方面的问题；称赞客户身材好，可以询问身材管理方面的问题。同时，销售员还可以根据自己销售的产品属性，有针对性地选择赞美内容。例如，销售员销售的是化妆品，可以先夸赞客户的眉形好看，进而询问客户是不是对美妆很有心得等。

总之，如果你的赞美恰到好处，让客户心情愉悦，你就获得了销售机会，客户会更愿意配合你，销售就能愉快地进行下去。

缺乏真诚的赞美，就像是插在花瓶里的假花，没有动人的气息。

08

消除戒备的问题必不可少

不少销售员反映一个问题：客户总是对我心存戒备，这让我很苦恼。其实，客户对销售员心存戒备是一件非常正常的事情，销售员要抱着平常心看待此问题。试问，如果你走在路上，一位销售员迎面而来向你推销，你会不会产生戒备心？你同样也会。

销售员王明向客户推荐一款吸尘器，他不停地向客户介绍这款产品的功能多齐全、质量多好、性价比多高："这款产品买到就是赚到，您真应该买一个！"

面对王明天花乱坠的夸奖，客户眼神迟疑，语气带着戒备："这款产品真有你说得这么好吗？我再看看别的吧。"

说完后客户就径直走开了。

为什么客户会产生戒备心？关键在于王明过于吹捧产品的功能和质量，让客户产生了不信任感。而这种不信任感也因为双方间的买卖关系而增强，进而使得客户更加怀疑产品的功能和质量。因此，为了解除自己的不信任感，客户选择了离开。

为了消除客户的戒备心，销售员要采取以下有效方法向客户展开提问，以成功打开销售局面。

（1）真诚地说明目的和需求

客户对销售员产生戒备心的原因之一是，不知道销售员出于什么

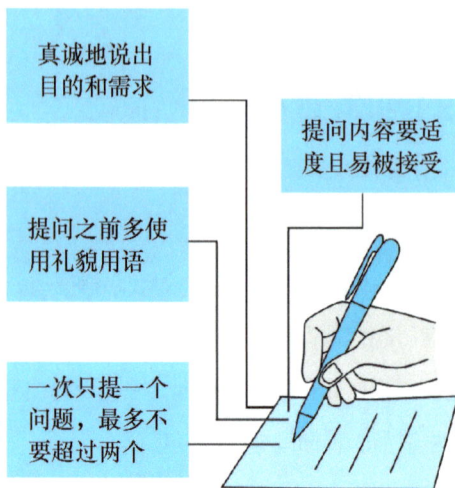

真诚地说出目的和需求

提问内容要适度且易被接受

提问之前多使用礼貌用语

一次只提一个问题，最多不要超过两个

消除客户戒备心的方法。

目的与他交流。此时，客户面对陌生的销售员，内心一定是充满防备的。举个生活中的简单的例子：你走在路上，有陌生人冷不丁地拍你的肩膀，对方面无表情、声音清冷地向你问路，你是不是同样防备心升起？在销售中，也是如此。

为了消除客户的戒备心，销售员在与客户对话之初，就要真诚地说明自己的需求和目的，让客户一下子就知道"你是谁""你在干什么""你想干什么"，由此建立初步的信任。例如，"您好，能打扰一下吗？我是XX店的工作人员，我们正在做周年庆活动，全场6折，还有礼品赠送。店铺就在前面，您如果有兴趣的话，可以去看一看……"

需要注意的是，销售员在做自我介绍的时候，表情要亲切自然，声音要诚恳，眼神也要坦荡，让客户看到你除了言语之外的真诚表现，使

内容适度的问题更易让对方接受。

其安下心来。相反，如果销售员在说话时眼神四处乱飘，说话也吞吞吐吐，自然会让客户觉得莫名其妙，难以信服眼前这个陌生人。

（2）提问之前多使用礼貌用语

在任何时候，都是"礼多人不怪"。要消除客户对陌生人的戒备心，销售员在提问之前就要多使用礼貌用语，如"您好""不好意思""请问""打扰一下"等。

使用礼貌用语开场，有3个好处。

一是给对方一个心理缓冲时间，避免还没张嘴就被拒绝；

二是当你礼貌地和客户打招呼时，客户会下意识地卸掉一部分对陌生人的戒备；

三是当客户觉得你是一个很有礼貌的人时，无形间会增加对你的好感。

当然，要真正让客户觉得你是一个很有礼貌的人，仅仅使用礼貌用语是远远不够的，还需要配合谦虚恭谨的态度和表情。此外，一些可能会让人感到"无礼"的细节也要注意。例如，打招呼时绝对不能用"喂"；说话的声调要自然、清晰、热情，不要装腔作势，音量要适中；未经对方同意，不得随意翻阅客户房内的任何东西等。

（3）一次只提一个问题，最多不要超过两个

销售员在向客户提问时，问题不宜太多，最好一次只提一个问题，最多不要超过两个。如果销售员像机关枪一样"突突突"地一直问问题，不仅会让客户觉得厌烦，还有可能激起客户的戒备心，觉得你在"图谋不轨"。

（4）提问内容要适度且容易被接受

销售员向客户提出的问题，内容要适度，要让对方觉得无伤大雅、不难回答，同时还要照顾到客户的心情、想法。不要只是为了达到自己的目的而向客户提问。例如，"天这么热，您先进店里坐一下，我再给您好好介绍，好吗""我们正在做一个市场调查活动，您方便来我们的店里帮忙完成一个调查问卷吗？我们提供免费的冷饮，完成调查问卷后还有小礼品赠送"，等等。

值得强调的是，销售员一定要正确对待客户的戒备心。毕竟任何人在面对陌生人的忽然打扰、请教、推销等时，都存在一定的戒备心。只有真正理解这种戒备，销售员才能真正从心态、行为、言语上照顾到客户的心情，尽力消除客户的戒备心，赢得客户的信任。

09

对方赶时间？直接提问

销售员在拜访客户时，有时会遇到一个尴尬的问题，即客户赶时间。多数情况下，销售员还是选择按照自己之前设计好的模式向客户展开销售，但是这绝对不适合一位要赶时间的客户，因为此时客户并没有很多时间听你销售。

此时，你要想让客户为你短暂地驻足停留，你就要直接提问，绕开那些细枝末节。

销售员王明去拜访一位客户，刚打过招呼，客户就看着手表说："不好意思，我等下还有一个会议……"

王明不想白跑一趟，于是急着说："王总，我就耽误您一会儿时间。"

客户见王明坚持，又看了一下手表说："好吧，我给您5分钟的时间。"

于是，王明开始了自己的"表演"："王总，我们公司最近出了一款新产品，各项功能都很齐全，而且我们的产品就是针对您这种XX人群的。最近，我们正在筹备XX活动……"

王明眼都不眨地说了将近3分钟，客户终于忍不住了："你说了这么多，我其实还是不知道你想表达什么，就一直听你说你们的产品有多好，关键是你们的产品再好与我也没有直接的关系。好了，我现在要去开会了，没有时间了……"

王明眼看着客户转身离开，毫无办法。

王总，我们公司最近出了一款……针对……，所以我们……

怎么啰啰唆唆，没完没了！我还等着开会呢！

客户赶时间时千万不可啰唆。

当客户赶时间时，他的内心是着急的，是没有心情听销售员赘述的。这时候如果销售员还是长篇大论地介绍产品优势，很容易引发客户焦虑，从而彻底失去沟通的机会。

王明的错误在于，客户已经明确表示"给您5分钟的时间"，王明还是按照自己惯常的销售模式进行介绍，不厌其烦地强调产品的优势以及给客户带来的利益。这对一位赶时间的客户来说，无疑是一种压力，甚至会引起其反感，因为他实在没有太多时间听销售员的大篇讲解。

因此，面对赶时间的客户，正确的方式是直接向客户提问，开门见山地跟客户说明自己拜访的目的、所能提供给客户的产品或服务、能带给客户什么利益等。当你真诚地不占用赶时间的客户的过多时间，同时你的产品确实是客户所需要的时，即便这次没有时间，客户也会主动

对方赶时间的话就直接提问。

与你约定下次沟通的时间。

销售员："王总，您好！"

客户："您好，您是有什么事情吗？我马上就要去接孩子，时间很紧张……"

销售员："好的，我只耽误您1分钟。我今天过来就是想跟您说一声，下个月25日我们公司有一个回馈老客户的活动，您可以参加吗？"

客户："下个月25日？我现在还不能确定，晚点我再给你答复，好吧？麻烦你今天跑一趟了。"

销售员："不麻烦的，您是我们的老客户，这份心我们是要尽到的。王总您先忙，再见。"

客户："好的，再见。"

因为客户赶时间，销售员没做过多的赘述，只是针对自己此次拜访的目的进行直接提问，客户也真诚、直接地回复，这就等于和销售员约定了下次的沟通。

以上是拜访老客户的案例，我们再来介绍一个拜访新客户时客户赶时间的案例。

销售员："您好，我是 XX 公司的 XXX，我今天是来……"

客户："你好，不好意思，我等下马上要出差，赶时间。"

销售员："这样啊，那我耽误您 30 秒，快速地介绍一下。我们公司在 XX 领域已经做了 13 年，最近研发了一款新产品，刚好跟您公司最新投资的项目契合。您看是否了解一下？"

客户："这样吧，你给我留个名片，等会儿让我的助理先与你联系一下，了解一下具体情况。我现在马上就要出差了……"

销售员："好的，您先忙。"

销售员在拜访赶时间的新客户时，巧妙地用"快速""30 秒"赢得了对话的时间，同时也让客户知道自己是为他考虑的，是本着不耽误客户的时间和行程的心去沟通的。这一行为能赢得客户的好感，让客户愿意再听销售员讲上两句。

接下来销售员用一句话、一个问题讲清楚了自己的公司是做什么的，为什么来拜访客户以及能为客户带来什么，简单明了。客户一方面被销售员坦诚的态度感染，另一方面销售员介绍的产品与公司最新投资的项目契合，也让他有了进一步了解的欲望，于是主动让销售员留下名片，并约定由助理联系、沟通。

　　总之，当销售员拜访客户时，若发现客户在赶时间，就不要抱着这单必定拿下的心态或与客户的交谈会有一个良好的结果的想法展开对话。此时最好的做法就是直接向客户告知你的目的，再用提问的方式提出请求。这个时候，无论客户答应还是拒绝，都一定是其真实的想法。能够得到真实的需求反馈，才是此次沟通的最大收获。

销售员要巧妙地用"快速""30秒"赢得对话的时间。

10

涉及对方隐私的问题不要问

销售员在向客户提问时，千万不要问涉及对方隐私的问题，否则很容易招致客户的反感，甚至是厌恶。有不少销售员很爱跟客户聊起隐私话题，自以为这是与客户拉近关系的好方法，其实这是一种很傻的行为。

服装销售员李洋店内走进了一位年轻的女性。见对方打扮得时尚靓丽，而且拎着名牌包包，李洋按捺不住自己的"八卦之心"，问道："我看你手上拿的是名牌包，值很多钱吧？你老公是做什么的，是不是开公司的？家里肯定很有钱吧……"

面对李洋的问题，客户一开始露出了"尴尬而不失礼貌的微笑"，到了后来实在忍不住了，冷冷地回了一句："这与你有什么关系吗？"

李洋提出的问题明显是不合适的，初次见面就问到了涉及对方隐私的问题，如"手上的名牌包很贵吧""你老公是做什么的""家里肯定很有钱吧"等。双方初次见面，就询问对方的贵重物品、对方另外一半的职业和金钱等，这是很不礼貌的行为。

涉及对方隐私的问题，包括对方的年龄、职业、地址、收入、家庭状况、伴侣的工作及收入状况等。无论是初次见面的新客户，还是打过交道的老客户，如果销售员"没头脑"地询问客户这些隐私问题，就等着客户把你加入黑名单吧！

漫画图解·销售书系
销售一定要会提问
——高效成交的6个提问策略

不要问客户详细的个人信息。

（1）不要问客户详细的个人信息

不少销售员在与客户的交流中会不自觉地探听客户的职业和收入，这就是明显的涉及隐私的问题了。类似的问题还有"您多大了，结婚了吗""你明年有什么打算啊？打算……""你脸上的痘痘很多，以前是不是就是这样的啊""你是做什么工作的啊""你一个月的工资有多少钱啊"，等等。

化妆品销售员李爽正在向一位长相不错的年轻女士推荐护肤品。为了强调产品的功能，李爽看着客户问道："你的脸上怎么有这么多痘痘啊？以前就没有想过解决办法吗？"

客户听后觉得很尴尬，但又不好发作，只好悻悻地答道："没有。"

李爽并没有意识到自己的询问给客户带来了尴尬，反而继续和客户

不要问客户和其家人相关的信息。

"套近乎"："你家是哪儿的？看起来你年龄不大，毕业了吗？哪个学校的啊……"

客户此时已经很不开心了，闷闷地说道："我是哪个学校毕业的，和我买东西有什么必然联系吗？"说完，客户就走出了这家店。

有些销售员以为询问客户"年龄多大""哪个学校毕业的"等问题无关痛痒，可这只是站在销售员自己的角度来看的。对客户来说，并不是这样的，在买方和卖方的关系下，客户任何具体的个人信息都可能是隐私。过于直白地询问个人信息，会让客户觉得自己被冒犯，会激起其内心的负面感受，令其获得较差的销售体验。如此一来，即便客户对你的产品有需求，也极有可能会放弃购买。

（2）不要问客户和其家人相关的信息

相对于询问具体的个人信息，询问和客户的家人相关的信息显得更不礼貌，也更容易引起客户的反感。例如，"你老公家肯定很有钱吧""你老公 / 老婆是做什么工作的""你老公 / 老婆对你好吗""你老公家是不是很有背景啊"，等等。无论销售员出于何种目的，类似这样的问题都不应该问出来。

销售员与客户之间，尤其是和新客户之间，归根结底是陌生人关系，彼此缺乏足够的了解和安全感，很难快速引起共鸣。即便销售员对客户的情况很好奇，也要抑制住自己的"八卦之心"，提出的问题千万不能越界，要礼貌、有分寸，知道什么该问什么不该问。当不确定这个问题该不该问时，那么这个问题最好不问，不问才是最保险的做法。

销售员一定要了解的是，询问客户的隐私问题并不是一件小事。说严重点儿，这是一种没有分寸甚至是没有教养的行为。如果销售员判断不好自己的问题会不会给客户造成负面的内心感受，就把自己想象成客户，如果一个陌生的销售员问你这个问题，你的感受如何？是否能够坦然接受？如果答案是否定的，那就"己所不欲，勿施于人"，不要贸然地询问客户。

提问涉及对方隐私的问题，会令你在客户心中的形象受损。

第三章

建立交流关系的提问策略

成功激发客户的好奇心是开展销售的基础。本章向大家介绍了几种快速激发客户好奇心的提问方法。

01

好奇心是打开深度交流的钥匙

激发客户的好奇心有许多方式，如销售员说一些有趣的话题、给客户留言等，但最简单的方式就是提问。提问方便快捷，几乎不耗费任何成本，就能够瞬间让人集中注意力。

如果有人说"我能问你一个问题吗"，相信不论此时你在做什么，都会停下手里的工作，集中注意力地看着对方，想要知道对方到底要问自己什么问题。在销售中，可以快速激发客户好奇心的提问方式有很多种。

销售员李清看见一位客户正在翻看一款扫地机器人的宣传单，于是上前问道："您好，请问有什么需要帮助的吗？"

客户扬了扬手里的宣传单说："哦，不需要，我就是看看。这里似乎没有我想要的东西。"

李清接着说："没错，一开始大家也都这么觉得，可是当他们了解到我们产品的一个特点后，都改变了想法……"

客户明显来了兴趣："哦？什么特点？"

李清接着说道："我建议您亲自体验一下。您可以……"

客户依言体验了之后，惊讶地表示："原来扫地机器人不只是解放了我们的双手这么简单！您能重点给我讲解一下它的'智能识别'功能吗？"李清边操作扫地机器人边给客户介绍具体的功能。客户不断地提

漫 画 图 解 · 销 售 书 系

销售一定要会提问

——高效成交的 6 个提问策略

好奇心是建立交流关系的基础。

出问题，李清不断地做出解答，销售也渐渐进入高潮。李清激发了客户的兴趣，使客户对产品产生了好感，并有了成交的打算。

李清为什么能与一位表示"就是看看"的客户展开深入的销售沟通，是因为他用一句话成功激起了客户的好奇心。只有当你吸引了客户的注意力时，你才有更多的机会介绍产品或服务的价值，从而争取到成交的机会。

从心理学角度分析，好奇心是人类行为动机中最有力的一种。销售员如果能够成功地激起客户的好奇心，那么他与客户之间就会有源源不断的话题。如果客户的好奇心没能被激发出来，即便客户与销售员会沟通，此时的沟通也只是流于表面，难以达到深度沟通的地步，即销售员还是难以打开客户的心，让客户真正地投入这场销售，销售最终

你知道后来怎么样了吗?

怎么样了?

激发对方的好奇心，对话易于进行下去。

也将面临失败的结局。

　　如果你只有一分钟的时间激发客户的好奇心，这一分钟关乎你是否能与客户建立关系，那么提问无疑是你最好的选择。例如，当你问客户"你知道后来怎么样了吗"，一般都会得到"怎么样了"的回应。一旦你通过提问激发了对方的好奇心，那么你就能为你与对方的沟通打开一扇门。尤其在销售关系中，销售员如果能成功吸引客户，那么对方就会更有兴趣沟通，才会有销售成功的可能。

　　因此，在销售刚开始的时候，你必须首先获得客户一定时间的注

好奇心是人类行为动机中最有力的一种，激发好奇心能有效建立交流关系。

意力，激发客户的好奇心。你要思索做什么会进一步引起客户的兴趣，吸引客户。

一般来说，激发客户好奇心的方式多种多样，主要有以下两种。

一是从客户的话语中捕捉信息，了解客户对什么内容感兴趣，进而从客户感兴趣的点去激发客户。例如，销售员在与客户聊天时，发现客户对育儿话题很感兴趣，这时销售员就可以从育儿方面激发客户的好奇心。

二是销售员需要自行准备好能够激发客户好奇心的话题。例如，有意思的话题、悬念性的话题等，激发客户的好奇心。

不论选择哪种方式，好奇心都是打开深度沟通的钥匙。

这里需要强调的一点是，销售员不要试图通过罗列冗长而无趣的产品说明或特点来引起客户的兴趣，创造机会最简便、有效的方式就是提问。

多用有意思的话题、悬念性的话题等，激发客户的好奇心。

如何提问才能激发客户的好奇心

销售员李阳总是"费尽心机"地给客户介绍有意思的事情，试图激发客户的好奇心，但效果并不理想，常常不仅消磨了客户的耐心，还让客户觉得自己话多，招致客户的厌烦。

后来，一次偶然的机会，李阳问了客户一句："我们店里最近有一个好消息，您听说了吗？"

客户明显提起了兴趣，连忙追问："什么好消息？"

李阳接着回答："我们最近刚上了一款新产品，居然第一天就卖断货了！这可把我们店长乐坏了……"

客户惊讶地问道："什么产品啊？"

在好奇心驱使下，客户不断追问，最后自己做出了购买决定。

一个简单的问句"我们店里最近有一个好消息，您听说了吗"就瞬间激发了客户的好奇心，让客户主动追问细节，最终主动成交。提问的魅力可见一斑。但是，提问也要讲究技巧，销售中如何提问才能激发客户的好奇心呢？

（1）激发式提问

人们总是对未知的、新奇的事物抱有很大的好奇心。因此，一些激发式问题、新奇有趣的问题能有效激发客户的兴趣。

激发式问题会促使客户自然而然地想要了解具体的内容，如"我

激发客户的好奇心的提问策略。

能问您一个问题吗""现在能打扰下，问您一个问题吗"等。绝大部分情况下，客户是不会拒绝这个请求的，反而很乐意参与其中，了解具体的问题是什么。

同样，新奇有趣的问题也能引起客户的关注。因为新奇的东西总是能激发人们的兴趣，人们不想被这新奇的东西排除在外，也想参与进来一睹为快。因此，销售员可以使用新奇的提问方式与客户建立交流关系。例如，销售员告知客户自己公司所开发的新产品与客户的业务相关，吸引客户的兴趣等。

（2）悬念式提问

销售员可以通过一些具有悬念的提问来吸引客户的注意力，激发客户的好奇心。例如，"猜猜后来怎么样了""您知道为什么很多客户都选

悬念式提问能激发客户的好奇心。

择购买XX产品吗""这个产品有一个很神奇的功能，您想要看看吗""我们的客户都对我们产品的一个功能感到很惊奇，需要我给您演示一下吗"，等等，利用悬念勾起客户的好奇心，进而顺利打开并延续话题。

（3）半掩盖信息式提问

如果销售员一开始就向客户交代全部信息，就会降低客户进一步参与的欲望。想一想，如果他对将要购买的产品十分了解，他还需要

要想激发客户的好奇心，最好提供一部分信息，同时掩盖一部分信息。

销售员的推介吗？这也是一些专家型客户喜欢自己先逛逛的原因。

如果销售员希望客户主动了解更多的信息，那么一开始就不要把所有信息都说完。当然，如果你什么都不透露，也有可能造成客户完全不想了解的情况。这种情况在一些新研制的、独特的、针对个别人群的产品销售中比较常见。只有"犹抱琵琶半遮面"才会让人想要了解更多，"不遮面"会因为都了解了而索然无味，"全遮面"也会让人产生"不了解""不需要"的感觉。

因此，要想激发客户的好奇心，销售员最好提供一部分信息，同时掩盖一部分信息进行提问。例如，"我们这款产品是为中老年人设计的，但是最近我们有个新的发现，您想知道是什么吗"等。这个问题既提供可期待的信息，又不自觉地把主动权交给了客户，吸引客户投入其中。

（4）利益引导式提问

利益引导式提问是指先透露部分价值，再问客户是否需要或想要了解更多的提问方式。这个策略往往能迅速地吸引客户的注意力。例如，"我们已经为你的同行解决了 XX 问题，您这边想要了解一下吗""您的竞争对手在 XX 方面有疏漏，而这一方面刚好又是您这边的专长，但一直没有得到重视，您想知道如何解决吗"等。需要注意的是，显露出的利益一定要是客户所重视的。因此，这个策略比较适合对客户有一定了解的销售场景。

以上我们介绍了 4 种能激发客户好奇心的提问方式，在后面的章节中会再做具体的介绍。总之，用提问激发客户好奇心是一种省力、高效的方式，既能吸引对方进入自己的销售"频道"，又能达到自己的销售目的。

当你的提问包含利益、悬念等信号时，能有效激发客户的好奇心。

只有"您"能回答的问题

当一个问题只有"您"（这里指客户）能回答时，自然能够吸引客户的好奇心和注意力，也让客户感觉到自己很重要。大多数人喜欢表达自己的建议和想法，尤其对方还很在乎、重视自己的想法时，人们的倾诉欲望会更强烈。"好为人师"的满足感，会使客户不断说出更多新的内容。

王明在销售中常常把客户放在首要位置，并突出客户的重要性。例如，"王总，又来麻烦您了，我这里有一个很棘手的问题……只有您能回答这个问题，您现在有时间吗……"

王总一下子就被激起了好奇心，想象着"只有我能回答的问题"到底是什么，甚至迫不及待地想要知道王明要问自己什么问题："有时间，你尽管说，我一定知无不言。"

王明很巧妙地加了一句"只有您能回答这个问题"，就获得了令人惊喜的结果，客户不仅不反感，还被勾起了兴趣，很愿意给他充足的时间进行交流。

此外，销售员还可以选择俏皮的提问方式，如"早就听说您是这方面的专家了，有好多问题想要问您，觉得只有您能回答这些问题。我现在可要开始问啦，您准备好了吗"等。销售员在说这句话时，不要使用过分客套和拘谨的语气，否则会让对方觉得有压力和负担。相反，使用

客户不会拒绝只有他能回答的问题。

俏皮的语气，不但会让交流气氛变得轻松、融洽，还能加深客户对自己的印象。最重要的是，客户会不好意思拒绝一个只有他能回答而且听起来还比较轻松的问题。

只有"您"能回答的问题，这里的"您"，除了指客户，也可以指销售员自己。如果有一个问题只有销售员能解答，也会激起客户浓厚的兴趣和好奇心，客户会更加期待、看重销售员接下来的解答。

销售员张伟拜访客户时，发现客户对他的来访并不是很热情。张伟态度坚定地说："李总，您刚刚提到的 XX 问题，其实也只有我能解决。因为我已经帮助您的同行成功解决过类似的问题……"

李总听后，眼睛明显一亮，语气亲切起来："哦，是吗？你真的能解决得了吗？是怎么解决的？快讲讲吧……"

> 1. 不要故弄玄虚，要有干货。
> 2. 注意自己的表情和语气，切忌傲慢自大。

使用只有"您"能回答的问题时的注意事项。

李总的好奇心被完全激发了，张伟也知道自己的机会来了，于是他详细地给李总讲解了其中的关键，李总也很积极地表达了自己的需求和目的，沟通进展得异常顺利……

张伟成功地吸引李总的注意力，关键点在于"其实也只有我能解决。因为我已经帮助您的同行成功解决过类似的问题……"这句话让李总从中听出了关乎自己利益的问题的核心，因此态度发生了转变，接下来两个人顺其自然地建立了交流关系。

只有"您"能回答的问题，这里的"您"既可指客户，也可指销售员自己。

这里我们强调两点。

一是当销售员说"这个问题只有我能回答"时，要详细、尽责地跟客户分析清楚该问题，而不是故弄玄虚，调起客户的好奇心之后却说不出实质性的内容。这种行为无异于欺骗客户，结果也只会适得其反，不能使客户信服。

二是销售员使用这句话的主要目的是激起客户的好奇心，因此销售员使用这句话时一定要注意自己的表情和肢体动作，不要有高深莫测的表情、骄傲不可一世的姿态或语气傲慢等，这会使客户产生负面心理，即便你真能解决问题，客户也不愿意了解。正确的做法是，用充满真诚的语气说出这句话，同时面部表情轻松柔和，展现友好性的肢体动作，如身体前倾、表情关心等。

值得一提的是，销售员在说"只有您才能回答这个问题"时，一定要加上人名，如"张总，这个问题只有您能解答……""李总，能解决这个问题的人，我第一时间就想到了您……您能帮帮我吗""李姐，您对此有什么建议吗？您的建议对我很重要……""王姐，您的想法是什么呢？您是这领域的专业人士……"等。加上人名，更显得尊重，也让"你"更有指向性，让客户"一定要说点什么"的感觉更加强烈。

使用只有"您"能回答的问题时，不要故弄玄虚。

激发客户产生相关联想的问题

　　销售员可能最初接触的并不是拥有最终决策权的客户，而是公司的接线员或前台等，如果在他们这一关就被拒绝了，那就彻底失去了沟通的机会。因此，一开始取得他们的支持至关重要。这个时候，销售员提出的问题要能够激发他们的相关联想，让他们觉得自己确实要认真对待，或将电话接到大领导那里去非常有必要。

　　相关联想是指销售员在目标客户内部制造的某种联系，能够让自己有机会与主要决策者见面并展开实质性的对话，进而促进销售。这里的相关性主要是指营造一种让决策者感到好奇，产生"必须要好好了解这件事情，否则就会后悔"并希望能够进一步参与其中的心理。而问题的关键在于，销售员在与非决策人，如接线人、前台交流时，让接线人或前台知道你的到来是意义重大的，从而不敢不把你的信息传递到最终决策人那里。

（1）前台攻破法

　　前台可能会给销售员提供重要的、有价值的信息，如决策人现在是否有空闲、客户公司项目的运营情况等。因此，销售员在和前台通话时，一定要尽量吸引前台的注意，甚至要与前台成为朋友，赢得他们的支持。切不可只把他们当成"传话筒"，否则你可能彻底失去和决策人对话的机会了。

让前台产生相关联想，获得交流机会。

销售员："您好！"

前台："您好，请问您是……"

销售员："我是 XX 集团的春阳，我有一个小问题想向您请教一下，现在给您打电话会耽误您吗？"

前台："不……没事，您说吧。"

销售员："要怎么称呼您……"

前台："……"

虽然案例只展示了一段很简单的对话，但是这个对话也蕴藏着一个很有用的、能激发客户产生相关联想的问题。对话中销售员向前台说："我有一个小问题想向您请教一下"，这一句话成功地引起对方产生相关联想，此时前台会想"他是想问我什么问题呢"，不仅不会拒绝对话，

> 我刚给××分部的王经理打过电话，有一个问题希望您回答一下，麻烦您拨打×××。

通过关联的第三方引起对方的关注。

反而很愿意建立交流关系。

（2）声东击西法

声东击西法，是指销售员先将电话打给客户公司的其他重要部门，先想办法得到他们的支持，再和决策人进行通话，并表示已经得到了其他部门的支持。

市场部："你好，市场部，我是林 XX。"

销售员："林小姐，您好。我是 XX 集团的 XXX，我有一个问题想要请教您……如果您愿意，我可以为您详细讲解一下吗？"

市场部："您说……我能为您做些什么？"

销售员："我听说您公司最近要在 XX 地投建一个项目，我不知道您这边是谁来主导这件事情，所以我就打电话给市场部的 XX 联系了一下，其实市场部的林小姐就是一个让你要找的人产生相关联想的人，她并不是最终用户，同时她也不是能做最后决定的人，甚至她都无法确定你要找的人，但是只要你留言说你"刚跟市场部的林小姐通过电话"，听到你留言的人一般会给你回电话，因为他们很好奇你与你所提及的人到底说了什么。

同时，让客户产生相关联想不一定非得与来自市场部的人建立联系，也可以是与决策人同级的其他人联系。我们还拿市场部的林小姐来举例，运用同样的技巧找机会给另一个分部的总经理致电，留言说"张总，您好，我是 XX 集团的 XXX，我刚给 XX 分部的王经理打过电话，有一个问题希望您能回答一下，麻烦您拨打 XXXX"。

激发客户产生相关联想，是利用对方的好奇心提升销售成功概率的重要方法。需要注意的是，销售员在这一过程中要保持真诚，不要让利用变成了过分试探、欺骗客户，一切要发自真诚。如果销售员明明没与市场部相关人员联系，但在与决策人通话或拜访决策人时却说事先联系过了，即便当时确实引起了决策人的关注，但是事后决策人若发现销售员说了假话，自然会中止这段销售关系。

激发客户产生相关联想的最终目的是为自己创造销售机会，以便在与决策者见面时能赢得对方的高度关注和更强的好奇心。但销售员在这一过程中不能故弄玄虚，而是要抱着真诚的态度去沟通，让对方信任你，对方对你产生真正的兴趣。

激发客户产生相关联想的问题，能有效让客户愿意跟你"多了解了解"。

让客户感到新奇的问题

销售员要想激发客户的好奇心，就要学会问一些让客户感到新奇的问题。新奇的问题能激发客户的好奇心，让客户觉得与你聊天是一件很有趣的事情。另外，新奇的问题总是让人兴奋，忍不住想要一探究竟。

举个生活中的例子：几个朋友在一起聊天，话题都是打算什么时候结婚，什么时候生孩子，职位什么时候会晋升等，你在这些问题中找不到丝毫的乐趣，更不想参与其中，这时有人和你说："我前段时间去国外旅游，看到了一位老爷爷向老奶奶求婚。就在情人节那天，老爷爷捧着一大捧玫瑰花……"听到这里，可能你的心情就变得不一样了，你很可能会觉得很有意思、很新奇。

让客户感到新奇的问题有以下特征：新鲜、和平常所见到的不同、能勾起他人的好奇心。除了满足这几个特征之外，销售员在提问的时候还要注意两个方面：一方面是要让问题充满新奇感，让客户从你的问题中发现趣味性，另一方面是要注意问题能够导向自己接下来的销售。

具体来说，销售员在提问时可以重点关注以下三点。

一是要了解在一般情况下客户会对哪些问题感到新奇，这里的问题是从广泛意义上提及的。

二是销售员在提问时，可以从自己的产品出发，设置情境型提问，引导客户进入自己的销售"频道"。

您知道世界上最没有用的东西是什么吗？

如果您现在正坐在一艘快要下沉的小船上，您愿意花多少钱呢？

这个新产品与一般的产品相比有一个明显的优势，您想了解一下吗？

让客户感到新奇的问题。

三是如果销售的是新产品，就可直接围绕产品的新特点、新功能进行发问，这些问题对客户来说都是新鲜的、有吸引力的。

（1）"您知道世界上最没有用的东西是什么吗"

销售员可以从广泛意义上向客户问一些有意思的、新奇的问题。例如，"您知道世界上最没有用的东西是什么吗"。首先，这个问题通俗易懂，能瞬间让对方理解；其次，这个问题看着简单，其实难以回答，就像"脑筋急转弯"一样，往往问题的答案让人难以捉摸；最后，这个问题能够瞬间吸引客户的注意力，客户会下意识地想要知道问题的答案。

类似的问题还有"您知道世界上最懒的东西是什么吗""您知道这世界上最贵的东西是什么吗""您知道世界上最令人讨厌的东西是什么吗"等。

您知道这世界上什么东西最不会背叛你吗？

哦？这个问题倒是挺有意思，我先想想啊……

使用新奇的情境型提问吸引客户的关注。

需要注意的是，销售员在提问之前就要准备好答案，而不是胡乱说了一个问题吸引客户的关注之后，自己反而没有答案了。同时，问题的答案要是意料之外、情理之中的，这样才能使问题有个完美的收尾，并在轻松友好的气氛下继续展开后续的沟通。

（2）"如果您现在正坐在一艘快要下沉的小船上，您愿意花多少钱呢"

为什么很多人难以抗拒"脑筋急转弯"？是因为脑筋急转弯问题的答案往往具有趣味性，既在意料之外又在情理之中。因此，销售员可以结合产品或服务的特点，提出一些让客户感到新奇的问题。

我们以保险销售员为例，设置一个情境，并提出让客户感到新奇的问题，以此建立交流关系。例如，销售员提问客户"如果您现在正坐在一艘快要下沉的小船上，您愿意花多少钱呢"，这既能立即引起对方的关注，激发对方参与进来的兴趣，还能让销售员从客户的回答中得知客户对"保险"的支付能力。类似的问题还有"您知道这世界上什么东西最不会背叛您吗""您知道李嘉诚为什么这么有钱吗""您知道富人和穷人的区别吗"等。

如果自己销售的是美妆类产品，销售员可提问客户"这世界上只有两样东西不能辜负，您知道是什么吗""您知道对女人来说，最重要的三件东西是什么吗"等，结合自己的产品属性提问，提出让客户感到新奇的问题，引起对方的兴趣进而使沟通自然地进行下去，建立交流关系。

（3）"这个新产品与一般的产品相比，有一个明显的优势，您想了解一下吗"

新生的、新奇的事物无疑会让人们觉得新奇。销售员在新产品上市时经常会发现很多客户围绕着新产品及其相关信息进行追问，试图了解更多的信息。这时如果销售员掌握了更多的新产品信息，那在和客户的沟通中就拥有了一个很重要的"武器"。借助自己掌握的新产品信息进行提问，无疑能够有效激发客户的好奇心。

例如，"这个产品有一个特别有意思的地方，有没有兴趣看看""这个产品一般不轻易展示，因为它有个功能很特别，想看看吗""这个产品与一般的产品相比，有一个明显的优势，想了解一下吗"等。这些问题很容易激起客户的兴趣，因为这些都是客户想要了解的。

总之，只有让客户对你的问题感到新奇，才能进一步激发客户交流的兴趣，双方才能建立良好的交流关系。值得强调的是，销售员在提出让客户感到新奇的问题时，要注意引发客户的联想。问题越是能让人产生无穷的想象，越是能产生效果。

一旦你的问题让客户感到新奇，客户就会主动与你建立交流关系。

有可能触动客户利益的问题

人们总是对与自己利益相关的事情感兴趣。与自己的利益越相关，人们的好奇心就越强烈。销售员要想有效地激发客户的好奇心，就要提一些有可能触动客户利益的问题。这里触动客户利益的问题，包括客户当前遇到的一些困境、销售员的产品或服务能给客户带来的利益等。

销售员张伟去拜访一位客户，但是客户对他的到来并不是很热情。幸运的是，张伟在来之前已经对客户的公司有了一定的了解，知道客户的公司这两年致力于开发中老年市场，但销售额一直难以突破。

客户："你今天过来有什么事情吗？我最近不需要什么产品……"

张伟："老实说，我今天不是来销售产品的。我最近做过一些调查分析，发现贵公司这几年在中老年市场的占有率有一定的提升，但远没达到前列。我们甚至发现了一个很严重，但是尚未被贵公司重视的问题……您希望我给您详细讲一下吗？"

客户顿时来了兴趣："真的吗？快说来听听……"

就这样，张伟成功地创造了和客户深入交流的机会，并顺势介绍了自己的产品。

张伟为什么能和不太热情的客户建立深入的交流关系呢？因为张伟的提问触及了客户的利益，客户不想关注都难。为什么大部分客户不喜

我们发现了一个很严重，但是尚未被贵公司重视的问题……您希望我给您详细讲一下吗？

真的吗？快说来听听……

有可能触动客户利益的问题
能瞬间赢得客户的关注。

欢销售员？因为在他们的印象中，销售员是来"骗"他们钱的，是"骗"他们买一些对自己来说华而不实、用处不大的产品的，所以他们对销售员心存抵触。相反，如果销售员和你说他拜访你的目的是帮助你解决问题的，你开不开心？如果他们是来给你送福利的，你欢不欢迎？肯定是开心、欢迎的，同时也不会排斥和销售员展开更深入的交流，给他一个推介产品的机会。

因此，当遇到不太热情甚至明确表示拒绝的客户时，不妨试着提出一个有可能触动他利益的问题。也许只是一个简单的问题，你就敲开了沟通的大门。

（1）和客户当前遇到的一些困境和障碍相关的问题

例如，"张总，我们前段时间对您的系统进行了检测，发现了一

帮助客户解决难题易受欢迎。

个严重的问题……"试问，如果你是客户，对方告诉你他发现你公司的系统存在一个严重的问题，你会不感到好奇吗？当然会觉得好奇，甚至还会强烈地想要知道具体是什么严重问题。一瞬间你的所有注意力都在销售员的身上了。这时，销售员就等于拿到了推介产品的"入场券"。接下来，只要销售员确实能解决你的问题，你自然乐意接受他推荐的产品或服务。

类似的问句还有"其实老实说，我今天来拜访您之前，已经对您的公司做过一些调查，我们有一个重大的发现……正是这个原因，导致您公司在 XX 领域打不开局面，您想听听具体情况吗"等。

不少销售员去拜访客户时，尤其对方是大客户、大企业时，都会提前做好工作，对客户或公司的情况做一些调查了解，以便在真正拜访客户之际能够从容应对，赢得对方的好感。

因此，销售员要直接向客户表明"我做了很多的研究，了解到您的公司当前遇到了一些问题"，让客户知道你是带着"干货"的。如果销售员所提及的问题确实是客户所面临的、担忧的、焦虑的，客户就会非常愿意给销售员进一步交流的机会。

（2）能给客户带来利益的问题

不少销售员为了能够顺利实现成交，会主动给客户提供一定的利益，但同时客户也深谙此"道"，即便销售员愿意给出一部分利益，还是无法提升客户想要了解产品的兴趣。这个时候，销售员就要在自己的提问中加入一些特殊的"成分"，让客户想不关注都难。

例如，"李总，我们为您定制了一份计划。如果我们的领导愿意给您一份特殊的待遇，您是否有兴趣坐下来聊一聊呢"，此时，客户的好奇心会被强烈地激发出来，他很想知道你口中的"特殊待遇"究竟是什么。既然是特殊待遇，就说明只和自己的利益相关，当客户有这个意识时，你就获得了销售的机会。

总之，能够触动客户利益的问题，一般都是从客户当前遇到的障碍或困难、销售员的产品或服务能给客户带来的利益和福利两方面考量的，销售员也要积极从这两方面与客户建立交流关系。

需要注意的是，销售员在与客户建立关系的过程中，要直接向客户展示出能为他带来的利益或是福利，让客户能够从你话语的"苗头"中尝到甜头，进而渴望建立交流关系。

有可能触及客户利益的问题，能让客户瞬间集中注意力，渴望与你交流。

07

暗示"我能帮到你"的问题

你正在为某事烦恼，这时一个人过来和你说："我之前也碰到过与你一样的状况，我后来用了一个办法就成功地解决了，你要听听吗？"此时的你一定求知若渴，十分想了解对方是用什么办法解决这个问题的。你的注意力因此非常集中，并对对方所提供的方法感到好奇。

销售中同样如此。销售员在与客户的交流中要想激起客户的好奇心，就要学会巧妙地在提问中向客户暗示"我能帮到你"，此时客户一定很愿意与你交流。

（1）暗示自己能帮助客户提高销量、降低成本等

提高销量、降低成本是很多客户关注的话题，销售员在与客户交流时要知道客户对什么感兴趣，从而满足客户需求，以使双方能建立交流关系。因此，当你提问客户"如果我们的产品能够帮助您提高 40% 的产量，您有兴趣看一看吗""如果我们这里有一个能够让您节省成本的方法，您有兴趣了解一下吗"时，相信客户此时再忙也会抽出时间好好听听你到底想说什么。

如果销售员在拜访客户之前知道客户公司从事的项目是什么，分析并研究出能够解决客户公司问题的办法，带着干货拜访客户，就更显示出诚意了。

类似的表达还有"张总，这里……稍微改进一下，您就可以获得极高的投资回报率，您想具体了解一下吗""如果我告诉您现在有一个能

如果我们的产品能够帮助您提高40%的产量，您有兴趣看一看吗？

哦，赶紧说说看。

暗示自己能帮助客户提高
销量、降低成本等。

降低您公司成本的好方法，您是否有兴趣详细了解一下呢"等。

（2）暗示客户自己已经帮其同行解决掉类似的问题

在销售场景中，不少销售员会遭到客户的冷眼，因为客户不相信销售员是来解决他的苦恼和麻烦的，只认为销售员是来推销产品的。但是，如果销售员能解决客户的实际问题，如销售员说"老实说，张总，我们已经为您的同行解决了非常重要的问题"，当客户听到这句话时，会下意识地追问"什么问题"，无形中被激起了强烈的好奇心。在接下来的时间，销售员无形中就占据了有利的位置。

除了暗示自己能帮助到客户外，销售员说"我从事这个领域已经有10多年时间了，这些年也积累了一些经验，您遇到的问题我曾经遇到过，要我给您讲讲吗"同样能达到效果。

真的吗？你快讲讲吧……

我碰到过一个客户与您的情况差不多，后来她使用了××，一个月后就有了明显的改善，要我给您介绍一下吗？

暗示客户你已经成功解决过类似的问题，引起客户的关注。

销售员在这一句提问中，有两个重要信息：一是销售员经验丰富，能给客户一些意见和指导；二是客户刚好遇到过类似的问题，无疑更为成功解决问题增加了筹码。客户在听到如此暗示后，也会渴望建立交流关系。

客户脸上长了很多痘痘，使用了很多产品都不见好。

此时销售员看了看客户脸上的痘痘的状况之后，说："您脸上的痘痘其实是病理性的，一般的护肤品是治疗不了的。您之前也用过很多的产品吧？"

销售员的问题中暗示"我能帮到你"，客户会立刻精神百倍。

客户回答："您还真说对了，我这脸上的痘痘其实与一般的痘痘不一样，所以用护肤品完全治标不治本，甚至不管用。"

销售员："我碰到过一个客户与您的情况差不多，她使用 XX 一个月后就有了明显的改善，要我给您介绍一下吗？"

客户眼前一亮："真的吗？您快给我讲讲吧……"

案例中的销售员详细地给客户讲了治疗痘痘的前后故事，并把产品介绍给了客户，双方达成了成交。当你的问题中带着"我能帮到你"的暗示后，客户就会主动追着你问。当然，这其中很重要的一点是，要是"暗示"而不是明宣。不少销售员会"狂妄自大"地把"我能帮到你"挂在嘴边，如果与你交谈的客户身份地位较高，这句话就会显得"不知轻重"，客户也不会把你的保证放在心上。因此，适宜的办法是暗示客户自己能够帮到他，这样既显得情商高，又能恰到好处地显示出自己的作用。

（3）暗示自己对客户所面临的 XX 问题有研究

销售员在与客户交流时，如果刚好得知客户有个困惑，而自己刚好对客户所烦恼的问题有一定了解，这时可以向客户暗示"我对这一块儿 XX 信息刚好有一点点研究，要我给您讲讲吗"。

一方面，"一点点研究"是一种自谦说法，能够让客户听着舒心；另一方面，"我能给您讲讲吗"一句提问又恰如其分地表达了对客户的尊重，尊重客户的想法和意见。

暗示"我能帮到你"的问题，总是能够吸引客户的好奇心和注意力，关键是销售员能确有其事地提供有用信息，而不是蒙骗客户，否则只能适得其反。

如果你的方案能成功地帮助客户解决问题，你就已经赢得了一半的成功机会。

第四章

拓展业务关系的提问策略

销售员要学会通过缩小或拓宽提问范围来尽可能地明确客户需求，深化业务关系，为成交奠定基础。

以涉及范围较大的问题开头

不少销售员常常急于向客户推销产品，想要快速了解客户有无购买产品的意向，成交的胜算有多大，所以在与客户沟通时，提出的问题往往带有强烈的暗示性和压迫感，如采用"是不是""对不对""要不要"等句式，这样的提问方式很容易激起客户的心理负担和反感。

为了让客户更能接受你的推荐，销售员一开始就要照顾客户的心理感受，以涉及范围较大的问题开头，给予对方充分表达的自由和空间。例如，"你平常喜欢什么风格的衣服""为什么你会考虑为孩子报少儿编程的课呢"，等等。

一般来说，涉及范围较大的问题通常包括"什么""为什么"等提问词，能够让客户表达出更多的、更有价值的内容，而不是以"是"或"不是"来回答。

以涉及范围较大的问题进行提问有 3 个好处。

第一个好处：把话语权充分地交给客户，让客户能够充分地发挥，销售员在此过程中也能收集到更多的有效信息。

第二个好处：帮助销售员和客户深入探讨更具体的需求信息。

第三个好处：体现出销售员尊重对方意见的态度，让客户愿意配合回答。

例如，当销售员提出这样的问题："我能为您提供什么帮助吗""您

以小范围的问题开头，
很容易就会关闭对话。

需要我做什么呢""您最初使用XX产品是出于什么原因"等时，客户都会因为被尊重而愿意配合回答。相反，如果销售员一开始就以小范围的问题开头，就很容易关闭对话。例如，"请问您公司的财务状况如何""请问您的身体状态是怎样的呢"等。这种问题很容易招致客户的反感，客户很有可能拒绝回答，或者以简单的"还可以"结束对话。

虽然以涉及范围较大的问题开头能够有效地拓展业务关系，但是这类提问的范围如果过大，也会让客户一时间无从说起。因此，销售员在提问涉及范围较大的问题时，要注意范围不能无穷扩大，而是要相对具体一些。

下面，我们以一名运动健身类的销售员向客户推荐产品为例来予以说明。如果销售员一开始直接询问客户"您接下来5年对健身有什么期

他在说什么啊？

您接下来5年对健身有什么期待？

问题的范围过大会让客户摸不着头脑。

待""您现在面临的难关是什么""您如何看待目前所用的XX器械的运行速度"等，这些提问是开放性的，涉及范围过大，就很容易让客户摸不着头脑，不知道你到底是想问什么、想做什么。

因此，为了提升在以涉及范围较大的问题开头提问时的针对性，提问可以改为以下几种：

"您觉得要拥有一个健康的身体，您要做好哪些方面的努力？"

"您认为达到什么程度才可称之为完美身材？"

"保持良好的身材对你的发展有什么影响？"

"您打算采取什么方法来改善当前的XX情况？"

此时的提问，既显示出了对客户想法和意见的尊重，也方便客户作答，能顺其自然地引导客户说出更多的内容，对对话保持开放的态度，让客户愿意与你分享他的想法，说出他们的思想、感受和顾虑。而当客户愿意与你交流想法和需求时，他就开始对你有了一定的信任。

除此之外，以涉及范围较大的问题开头时，也会让销售员与客户的沟通信息不断延伸，有助于双方了解彼此的想法。尤其是在拓展业务关系的初始阶段，以涉及范围较大的问题开头，有助于销售员与客户建立关系，为接下来进行深入的会谈奠定基础。

因此，我们这里总结两点。

一是当销售员以涉及范围较大的问题开头时，要以自己销售的产品或服务的属性、特质为基础，在此基础上再进行发散性提问或开放性提问，而不是明明属于运动领域，却问保险领域会问的问题。

二是在以涉及范围较大的问题开头时，销售员要能提出专业的、能打动人的问题。这就要求销售员提问时不要程序化。程序化的提问一板一眼，会让销售员很像是信息的收集者，给人刻板牛硬的印象。

总之，以涉及范围较大的问题开头远比以涉及范围较小的问题开头要顺利得多，这不仅能有效化解客户的抗拒心理，还能顺利地打开话题，让销售员收集到更多的信息。因此，销售员在一开始提问时就要注意方法，为拓展业务关系奠定基础。

以涉及范围较大的问题开头，有助于打开话题，拓展业务关系。

02

先共鸣，再提具体问题

我见过不少销售员在与客户拓展业务关系时，一开始就问客户具体的问题。其实在你与客户还没能建立起信任关系时，这种做法是很冒险的。客户往往不仅不配合，而且觉得你的行为给他造成了困扰。

而破除这一尴尬的做法就是共鸣。当你与客户的状况和感受产生共鸣，与客户保持在同一个频道上交流时，对方才能心平气和地、坦诚地与你交流。这时你再去询问客户一些具体情况，客户才不会抗拒你。

如何使用"共鸣＋提问"的方式来建立可信度？

第一阶段："原来如此"＋提问"为什么"。

第二阶段："果真这样"＋提问"具体来说呢"（提出具体问题）。

第三阶段："还能这样呀"＋提问"怎么说"。

以上 3 个阶段就是由浅入深，先共鸣再提具体问题，顺其自然地打开话题，让客户能够从这段交流中顺着你的提问而自然地将话题进行下去却又不会觉得自己受压迫的方式。

销售员问："张小姐，在过去的一年中，什么事情给您留下了深刻的感受？"

客户："嗯……应该是我拿到了 XX 资格证吧。"

销售员："我知道那个考试很难的，你拿到这个证一定很不容易。中间有什么故事吗？为什么会给您留下深刻的感受呢？"（共鸣＋"为

漫画图解·销售书系

销售一定要会提问

——高效成交的 6 个提问策略

"共鸣+提问"的3个阶段。

什么"）

客户："是啊，准备考试的那段时间对我来说特别难熬。我总是在不安和自我安慰间摇摆。"

销售员："我仿佛也体会到了你当时的焦灼。具体来说呢？"（共鸣+"具体来说呢"）

客户："那段时间我经常因为焦虑而睡不着觉，白天又没精神，每天要喝三杯咖啡提神。书上的知识点……"

销售员："真的是很辛苦！想不到您还有这样的经历。您现在是如何看待那段努力的时光呢？"（共鸣+"怎么说"）

客户："我现在觉得一切都是值得的。虽然这一年多来我过得很辛苦，但我还是得到了很多，不是吗？除了XX资格证，我还体会到了一

我曾经买到过一个假货，使用后我发现……

我也有过类似的经历……

销售员要及时表达自己的共鸣。

分耕耘一分收获的道理，你付出的每一分努力都会有结果！"

销售员："你说的这个我也有很深刻的感受，我当时……"

案例中的销售员就是通过先共鸣再进行具体提问的方式，逐步与客户建立信任关系，同时获得更多详细的客户信息的。销售员在同一个话题上进行深度挖掘，一步步深入，既激发了客户的倾诉欲，又让客户觉得销售员"真的很懂我"。例如，"你拿到这个证一定很不容易""我仿佛也体会到了你当时的焦灼""你说的这个我也有很深刻的感受"等。当客户觉得销售员是发自真心地理解自己时，内心就会涌现出感动，情感上也会更加靠近销售员，对销售员产生强烈的信任感。

需要强调的一点是，销售员在使用先共鸣再提具体问题方式时，要以一个话题作为契机。这里的话题既可以是大范围的人生经历、创业史等，

也可以是小范围的印象深刻的一段经历等。例如，"10年前刚好遇到金融危机，您当时创办这家企业一定很艰难吧""我看到你在朋友圈发了去西藏旅游的照片，真的很美！真想听你分享一下西藏之行的故事"等。以一个话题作为契机建立对话之后，销售员要会纵向拓展话题，慢慢深挖，慢慢走进客户的内心。

销售员提问后在倾听客户的答案时，要保持耐心和真诚。例如，身体前倾，真诚地看着对方的眼睛，并适当地给出回应，如"这样啊""然后呢""真的挺辛苦的"等。这一方面表示自己在听，另一方面也能在无形中延长对话。如果销售员在客户回答的过程中注意力不集中、眼神不与对方接触，甚至表现出不耐烦，那么之前的一切工作都将白费，你和客户之间的关系可能就要到此为止。

当客户说完之后，销售员要及时表达出自己的共鸣。例如，"我仿佛能够体会到你当时的艰难""听起来真的很难过""我也有过类似的经历""我当初也有这样的感觉"等。当然，这种共鸣并不只是说说，一定要是你真的体会到客户所表达的艰难、辛苦、难过等情绪，或者你真的有类似的经历、感受等。如果不能做到这样，还是不要表达"共鸣"为好。

之后，销售员再针对客户刚才表达的内容提出具体的问题，对话题进行纵向深挖。例如，"那XX是怎么回事呢""比如……""为什么会是XX样子"等。深挖的目的是让客户继续分享，所以提问的点要有话题、有价值，尽量避免让对方尴尬、不好回答、无聊的问题。

总之，"先共鸣再提具体问题"就是让销售员站在客户的角度思考问题，带着"我明白你的感受""我也经历过你说的那种心情"的感受去提问、倾听，让客户形成一种你是他的"知己"的感受，这样自然就能建立起信任关系了。当你和客户建立起信任关系之后，业务关系自然就能拓展开来，此时你再提具体问题，客户往往不会抗拒。

销售员在使用先共鸣再提具体问题的方式时，要以一个话题作为契机。

逐渐缩小提问范围，增强客户的信心

与客户建立基本的信任关系之后，销售员就要逐渐缩小提问范围，增强客户的信心。

举个简单的例子：你牙痛去找牙医看病，在这之前你对即将拜访的这位牙医不是很了解。因此，你对他的判断源于见面之后他的提问和他与你之间的对话。牙医刚开始可能会问"你的牙哪里不舒服"这样范围较大的问题，当了解大概情况之后，他会逐渐缩小提问的范围，例如，"你近期吃过什么太硬的东西吗""你最近服用过哪些药物""牙痛了多久了""做牙齿美容有 3 个方案，第一是……第二是……第三是……你选择哪个方案"等。医生问得越详细就越是让你觉得稳妥，觉得自己的问题能够得到解决。相反，如果聊了半天，医生的问题还是停留在范围较广的层面，你可能就会对这个医生产生怀疑，甚至丧失信心。

销售中同样如此。如果销售员在经过初步沟通，和客户建立基本的信任关系之后还不能缩小提问范围，聚焦话题，就会导致客户丧失信心，觉得和你聊天没有意义。

销售员缩小提问范围，目的是了解客户真正的需求和目标，让客户增强信心。具体需要怎么做呢？我们提炼出两个要点。

（1）进一步锁定客户的需求

销售员要在逐渐缩小提问范围时，进一步锁定客户的需求，增强客

缩小提问范围有助于建立客户信心。

户的信心，让客户知道你是懂得他的需求的。下面我们用案例来引导思路。例如，客户想要为新房添置家具。销售员如果提问"你们面临的家具设施方面最大的问题是什么"，客户当下会摸不着头脑，也不知道怎么作答，也会质疑你的能力。当客户产生这样的感受时，自然就难以信任你，进而让你失去销售机会。这时销售员需要缩小提问的范围。

您是喜欢固定式家具还是自由组合式家具？

您的新房的装修是现代风格还是传统型风格？

您家里的壁纸是什么样的风格呢？是亮色系还是冷色系？

您是喜欢木质家具还是钢制家具？

您的家新房的面积是多大呢？客厅多大呢？

您喜欢您的新家呈现什么风格呢？田园风还是欧美风？

> OPO结构脂完美地模拟了母乳中的脂肪结构，您家宝宝之前喝的那款奶粉有这个成分吗？

用专业信息缩小提问的范围，有利于增强客户的信心。

销售员就是要这样逐渐缩小提问范围，一步步地接近客户的内心需求和想法。当客户能够不断地回答你的问题时，双方间也在不断拓展业务关系，同时客户的信心也随之增强。这样能帮助客户找到真正的需求和目标，让客户有一种"将自己的购物需求交给你很踏实，因为你会按照他的心意给他推荐最好的最合心仪的产品"的感觉。当销售员让客户产生这种感觉时，双方就建立起了业务关系。

（2）用专业为客户排除一些无用的信息

我们都购买过产品，在购买产品时我们也会有一个感受，就是如果我们面向的是专业人员，他就像是一个"医生"，一步步地摸清自己的"脉络"，帮助自己找出问题的症结，并按照自己的需求提供有用的解决方案。这就是缩小提问范围的好处。

115

同时，缩小范围的提问也会让客户觉得你是"同道中人"，你能了解他们的行业，能提供专业、靠谱的服务。销售员的专业性越强，逐渐缩小提问范围，能建立客户信心。

举个例子，有个销售员给客户推荐母婴产品，用下面的方式逐渐缩小提问范围，排除一些无用的信息和问题，让客户建立了信心，增强了双方间的信任度。

您家宝宝多大了？是婴儿还是幼儿？

平时吃得怎么样，睡得好吗？

您家宝宝现在有没有转二段？

您家宝宝之前喝的是什么牌子的奶粉？消化、吸收怎么样？

好的奶粉特别添加的 OPO 结构脂，完美地模拟了母乳中的脂肪结构，您家之前喝的那款奶粉有吗？

⋯⋯⋯⋯⋯⋯

销售员就是要通过逐渐缩小范围的提问让客户知道自己了解情况，从而让对方建立信心，安心地回答问题，与你分享更多、更详细的信息，并主动询问你销售的产品或提供的服务信息。

逐渐缩小提问范围能进一步锁定客户的需求，增强客户沟通的信心。

走进客户内心世界的问题

在销售活动中，一般都是销售员滔滔不绝地说，灌入式地介绍产品的相关信息，很少有销售员能够静下心来听听客户说了什么，尝试去理解客户的立场和需求，因此，销售员也就难以走入客户的内心世界。如果销售员想和客户建立真诚的交流关系，就要学会走进客户的内心世界。除了倾听之外，销售员还可以通过主动提问的方式走进客户的内心世界。

下面我们来示范几个能够帮助销售员走进客户内心世界的问题。

(1) 问名字、姓氏、家乡、民族等

销售员在与客户见面，双方交换名片或介绍各自的姓名时，可以从客户的姓名上"做文章"："您这个名字有什么来历吗？"这是初级的、简单的、容易走进客户内心世界的问题。

一个人的名字背后可能是父母寄予的厚望，也可能是出生时的一则趣事。尤其是一些独特的名字，更是非常好的深入了解对方的话题。

销售员："林图南？您的名字可真是既大气又别致。图南？是'风之积也不厚，则其负大翼也无力。故九万里则风斯在下矣，而后乃今培风；背负青天而莫之夭阏者，而后乃今将图南'中的'图南'吗？"

客户（饶有趣味）："是的，您真的很有文化。"

销售员："主要是您的名字取得太好了，很少见。这个名字有什么来历吗？"

简单的姓名问题有助于打开客户的内心。

客户："这个名字还是我爷爷取的，当初因为……"

销售员："原来是这样啊，真的很大气，既文雅又意趣无穷。"

类似的问句还有"您的这个姓氏真的很少见呢！您是少数民族吗""听您的口音，您是江西人"等。通过类似这样简单的提问把话语权交给客户，就多了个了解客户的机会，这样能打开话题，有利于走进客户的内心。

销售员："张先生，听您的口音，像是江西人啊？"

客户："呦，您还真是猜对了，去过江西？"

销售员："虽然没去过，但是我大学室友就有江西的，听着就很熟悉。江西人很内敛含蓄，也很有智慧。"

客户（笑）："江西人是……"

漫画图解·销售书系

销售一定要会提问

——高效成交的 6 个提问策略

王先生，您是在什么机缘下从事这个职业的呢？

我大学学的就是××专业，再加上对这个领域很感兴趣……

大部分人对自己的人生经历都有倾诉的欲望。

销售员一开始从家乡这个细微处发问，很自然地就拉近了双方的距离。需要注意的是，销售员在聊起名字、姓氏、家乡、民族等话题时，要真诚，不要过分夸张。如果恰好是你了解的，也要挑优点说，不能口无遮拦地说出冒犯对方的话。要知道，名字、姓氏、家乡、民族等背景，对任何人来说都是特别重要的。如果是你所不了解的，则可以采取诚恳请教的态度，打开对方的话匣子。

（2）问职业经历、人生经历等

如果你能够借助提问让客户分享职业经历和人生经历中骄傲的、开心的故事，就等于一只脚迈入了客户的心门。

一般来说，销售员不能直接打听客户的职业，因为这部分内容对客户来说是隐私。但是，如果客户的职业特征很明显或职业很特别等，这时销售员问起对方的职业经历，客户是会比较愿意与你分享的。

销售员："王先生，您是在什么机缘下从事这个职业的呢？"

客户："我大学学的就是XX专业，再加上对这个领域很感兴趣……"

销售员："原来是这样啊。您从事这份工作，每天都会有很多乐趣吧？"

客户："客气了，不过确实很幸运，我最初开始接触这个工作还是在大学毕业实习的那家公司……"

一般来说，询问对方因什么机缘从事这份职业（尤其工作做得很好），能快速地了解对方的内心。此外，每个人都有自己的人生经历，大部分人对自己的人生经历有倾诉的欲望。尤其是当自己从一文不名到成绩斐然时，人们更希望把自己经历的故事分享出去。如果销售员能够抓住时机，给客户一个倾诉的机会，就等于拿到了走进客户内心世界的"入场券"。客户说得越多，你就越是能够进入客户的内心世界。

销售员："张先生，您一定有着丰富的人生阅历吧？我在拜访您之前，就已经听说了一些您的传奇故事。"

客户："传奇故事倒也称不上，不过也经历了不少事情。我当初是从……"

当销售员提出和"职业经历""人生经历"有关的问题时，客户会进入回忆状态。客户和你说得越是细致，就越说明客户对这个话题很感兴趣，你也就越能走入客户的内心世界。

当然，要让话题更加深入，在客户分享完职业经历、人生经历之后，销售员可以再追问一句："正是因为过去这些经历，您才有了现在的成就吧？"提出这个问题的目的是升华主题，对客户的过往经历表达出自己的认可和敬佩，同时让客户进一步打开心扉，分享更多信息。

销售员："正因为过去的这些经历，您才有了现在的成就吧？"

客户："是啊，总算是苦尽甘来了。我这些年来的努力终于没有白费。最让我感到欣慰的事情是……"

在拓展业务关系阶段，提走进客户内心世界的问题很有必要。你越是能够走入客户的内心，客户越愿意对你表达更多信息，双方关系也就能走上一个更高的台阶。但走入客户内心的问题不一定非得是高深的、充满哲理的问题，从姓名、家乡、民族、职业经历等发问更容易打动人，让人更愿意敞开心扉。

走进客户内心世界最好的方式，就是问一些常见的但又很有由头的问题。

提出便于回答的选择性问题

　　医生在给我们诊断视力时，一般会从更容易辨认的较大的字母开始，逐渐加大难度，其目的在于先树立我们辨认的信心，建立初步的合作关系，再一步步做出更精准的判断。如果医生一开始就从最难辨认的字母开始，我们往往会因为"看不见""看不清"而感到焦虑，这对接下来的诊断也会产生影响。

　　销售中同样如此，为了能够得到更精准的需求信息，销售员要尽量提出便于回答的选择性问题。例如，"您是喜欢大一点儿的还是小一点儿的""您是买给自己用还是送人的"等。这种不涉及隐私又便于回答的问题，可以有效提升客户的参与度，同时能够帮助销售员逐步锁定客户的真正需求。

　　王明："您喜欢双开门的冰箱还是单开门的冰箱呢？"

　　客户："双开门的吧，感觉比较大气。不过双开门的是不是比单开门的要贵得多？"

　　王明："具体要看您选择的是哪一款。您可以先来看看这几款双开门的冰箱。您是想要外形时尚些的还是内存大些的？"

　　客户："内存大些的。"

　　王明："好的。那您对颜色有什么要求吗？是喜欢亮色系的还是冷色系的？"

便于回答的选择性提问易于拓展业务关系。

客户："亮色系的吧。"

王明："我也比较喜欢亮色系的冰箱，感觉会成为厨房的亮点。按照您的要求，我重点向您推荐这几款冰箱，我带您体验一下吧。"

客户："好的，谢谢你了。"

销售员王明就是提出了一系列便于回答的选择性问题帮助客户逐渐明确自己的需求的。销售员基于这些信息推荐的产品，会让客户觉得"刚好是我想要的"。

提出便于回答的选择性问题，不仅尊重了客户的选择和意愿，还能顺其自然地推进销售流程，拓展业务关系。同时，销售员在提出便于回答的选择性问题时，要注意以下几点。

过于专业的词语不便于对方理解和回答。

（1）围绕产品发问，越具体越好

销售员在向客户提出一系列便于回答的选择性问题时，不要随便发问，而是要根据客户所需求的产品发问，围绕产品本身发问。另外，在发问的时候，越具体越好。例如，销售员给客户推销一款摄像机，销售员就要从私人用还是公用、家用式还是便携式、经典款还是畅销款等角度发问，围绕产品展开，让客户快速做出选择。

这里需要强调的一点是，销售员不要一连串发问，而是一次问一个问题，等客户回答完毕后再继续问下一个问题。

（2）选择性提问的内容是相关的

举个简单的例子。如果对方问你"你是喜欢吃苹果还是橘子"，你可能很容易给对方一个答案，因为这两者同属于水果类食品。相反，如果

对方问你"你是喜欢吃鱼肉还是喜欢吃橘子"，你会很难作答，因为提问中的"鱼肉"和"橘子"是不同属性的食品，你很难做出孰重孰轻的回答。销售时也是如此，销售员在提出便于回答的选择性问题时，供客户回答的两个选择应是相关的，而不是不相关的两个事物。

（3）选择性提问是在 3 秒内能回答出来的

如何判断销售员所提出的内容是便于回答的呢？可以以答案是客户在 3 秒之内说出来的为依据。从某种程度上来说，客户越是能快速做出回答的，越是能说明选择的偏好符合客户的心思。如果你向客户提出了一个选择性问题后，客户思索再三还是给不出答案，说明你所提出的选择性问题是客户不便于回答的。这时候，你可以换种说法或者是更换问题，在提问时尽量少说只有同行人才懂的专业词语，问题要通俗易懂，让客户几乎不经思考就能回答出来。

例如，护肤品销售员问客户："你是想要移植黑色素细胞还是想要补充胶原质？"这里的"黑色素细胞"和"胶原质"就属于专业领域的词语，如果客户对护肤美容领域不了解，就很难快速做出回答。因此，便于客户作答的选择性问题是"你是想要淡化斑点还是想要补充脸上的胶原蛋白"等，如此一问，客户既听得懂，也能迅速作答，你也能根据客户的需求继续展开接下来的销售。

销售员在向客户提问一系列便于回答的问题时，一定要基于客户的需求与事实，根据客户的需求详述产品的特征。提问也要详细、具体，为客户考虑，既要能帮助客户挑选出符合他们需求的产品，也能让客户遵从自己的意愿去选择产品。

尽量避开晦涩难懂的词语，提出客户在3秒内能做出回答的问题。

像专家一样问专业的问题

当销售员像一个专家一样提出一些比较专业的问题时，就会比较容易赢得客户的信任。

很多销售员会有一个担忧：我不是一个专家，怎么才能像专家一样呢？其实，任何一个销售员都可以成为其销售的产品所在领域的专家。销售员可以通过学习、亲身体验、深入了解自己销售的产品的方方面面，并且想象客户可能会问什么问题，这些问题自己是否能答得上来，自己对产品的功能、优势、利益等方面了解得是否透彻等。术业有专攻，只要销售员怀着精益求精的态度去钻研，就会比客户知道得更多。这个时候，在客户面前，你就是懂这款产品的"专家"。

销售员专业的解答能够消除客户的不安全感，让客户比较认可销售员的推荐。

客户问："你们这款衣服起球吗？"

销售员回答："我们这款衣服采用的是 XX 材料，经过 XX 处理……所以一般不会起球。当然，衣服起球与摩擦也有关系。一般来说，袖口的地方会容易起球，请您回去以后一定要按照衣服上的洗涤说明去洗涤，这样可以在一定程度上降低袖口的起球概率。另外，我们店铺也提供去除褶皱、去起球的服务，如果发现轻微的起球问题，您觉得自己处理起来很麻烦，也可以来我们店里，我们会安排店员帮您处理。"

我们这款衣服采用的是××材料，经过××处理……所以一般不会起球。

这衣服起球吗？

专业的解答能够消除客户的不安全感。

当客户询问销售员衣服是否起球时，销售员并没有用一句"不起球"来简单地回应客户，而是从专业的角度回答客户的问题，这样有利于打消客户的疑虑。此外，销售员主动向客户问专业的问题，同样很重要。

例如，保险销售高手都是这样提问客户的：

您现在有寿险方面的需求吗？

您购买的保险是终身制的还是阶段性的？

您知道现在的寿险政策执行多久了吗？

是什么念头使您觉得购买保险是很有必要的事情呢？

案例中的保险销售员像专家一样向客户提出专业的问题，显示出其专业能力，让客户觉得很踏实，进而愿意和他多说一些情况，甚至会觉得这个保险销售员就是他要找的那个人，业务关系自然能积极拓展开来。

漫画图解·销售书系

销售一定要会提问

——高效成交的6个提问策略

向同领域专
家看齐

了解他们是如何
发问的、问了什
么问题

做好记录
并训练

像专家一样问专业的问题。

其实，从某种程度上来说，像专家一样问专业的问题并不是一件难事，反而有时会让销售变得更简单。

销售员如果想要像专家一样问专业的问题，除了要深度掌握产品知识、行业知识外，还有一个能拿来即用的小技巧，即销售员可以向同领域的专家学习，尤其是向本行业内成功的销售高手学习，了解他们是如何发问的，都问了什么样的问题，并做好记录。记录之后，销售员要思考每个问题是如何连接起来的，并花时间记住它们，最后还要经常和同事、

向同领域的专家学习发问的方式和内容，能够
让你受益匪浅。

朋友进行模拟训练，提高自己的发问能力。

　　需要注意的是，在提出专业问题的时候，一定要确保自己有专业的答案，否则就不要提问。提专业问题虽然对提高客户的信任度有很大的帮助，但对销售员的专业能力要求也很高。

　　总之，销售员如果想让自己的问题显得更专业，就要对自己所销售的产品或服务进行仔细的、有针对性的、持续的研究。所谓熟能生巧，当一个人对自己的本职工作了解透彻后，就会成为这个领域的专家，其提出的问题自然就显得专业而严谨。

像专家一样问专业的问题，能够消除客户的不安全感。

规避会影响可信度的问题

信用是销售员最好的"通行证"，一旦你与客户建立了信任关系，你就可以扩展销售会谈的范围了。但是，使用这张"通行证"要很小心，如果使用不当，那么适得其反。因此，销售员在销售中要注意规避影响可信度的问题。

化妆品销售员张明看到客户脸上有很多痘痘，就十分关心地问道："你脸上的痘痘看着可真严重，我觉得你这是因为XX造成的吧？你平时肯定不好好保养自己的皮肤吧？小姑娘这样可不行啊……"

客户满脸尴尬："呃……对。"

随后这位年轻的客户就走出了店铺。

张明关心客户，客户为什么走出了店铺呢？原因就在于张明主观、冒昧地提问让客户觉得她说的话不可信。销售员要站在中立、客观的角度，而不要随意带着主观评价去提问。否则，不但会影响客户对自己的印象，还有可能导致客户怀疑你的专业性和立场。

一旦客户内心产生怀疑，就会不断扩散，使得他们对你的信任度不断降低，甚至引起他们的警惕。即使在这之前客户对你的印象不错，也会因为你提出的问题过于主观而改变对你的印象。因此，销售员应尽量不要提过于主观的问题，否则对方会怀疑你的动机。

除了主观性的提问会影响你的可信度外，提出以下几个问题也有可

01	缺少事实调查的问题
02	自吹自擂的问题
03	暴露知识短板的问题
04	空口承诺的问题
05	暴露人品短板的问题

影响可信度的问题类型。

能会影响你的可信度。

（1）缺少事实调查的问题

有时候销售员为了表现出自己的友好或是表现出自己懂得多，会发表一些缺乏事实调查的言论，如"你们以前是做 XX 的吧？我觉得……""你之前一定做过 XX，我说的没错吧"，等等。没有经过事实调查或没有确切的证据就直接提出自己的想法，会让对方觉得你很奇怪。这样的问题会瞬间降低对方对你的好感和可信度。

（2）自吹自擂的问题

销售员自吹自擂的提问也会影响可信度。例如，"我在这个领域已经待了 3 年了，几乎没有我不知道的问题。您有什么不清楚的问题吗""我最了解你们干 XX 工作的了，你们是不是……"，等等。如果销

我来过你们公司几次了，你们公司的福利是不是很一般啊？

他怎么问我这种问题？

暴露人品短板的问题会影响你的可信度。

售员提问时语气骄傲自大，表情不可一世，肯定会丢掉了客户对你的信任。

（3）暴露知识短板的问题

如果销售员在提问时不懂装懂，暴露出知识的短板，尤其是简单的常识性知识短板，就会让客户觉得你的话很不可信。例如，销售员在与客户交流时，说"你知道泰姬陵在泰国吗"，这就犯了常识性错误，因为泰姬陵在印度。这些提问除了会暴露销售员的无知外，还会让客户觉得莫名其妙，对销售员的能力产生怀疑。

信用是最好的凭证，销售员一旦失去这个凭证，销售工作会难上加难。

销售员要规避影响可信度的问题，否则可能会被客户拉入黑名单。

如果此时客户指出你所犯的常识性错误，正确的方法是感谢客户的指正并善于自嘲，化解尴尬局面，而不是打肿脸充胖子，死不承认，甚至恼羞成怒。

（4）空口承诺的问题

有的销售员为了赢得客户的好感或急于成交订单，于是空口承诺，如"只要您肯签单，我们肯定会送您 XX 产品""只要您选择与我们合作，我们一定不会亏待您的，我们会给您丰厚的回扣"，可当客户有意向成交时，销售员却又对这些承诺闭口不谈，甚至是翻口否认。这些都会直接影响销售员的可信度，使客户拒绝继续拓展业务关系。

（5）暴露人品短板的问题

销售员在与客户交流时，也不要提问暴露人品短板的问题，如在交流中让客户发现你背信弃义、表里不一、满口谎话、有不良爱好等的问题。同时，销售员在与客户的相处中，尤其涉及第三方评价时，不要率先表现出自己明显的带有主观性的态度，尤其是负面态度，更不要用自己的提问去诱导对方回答，如"我来过你们公司几次了，你们公司的福利是不是很一般啊""上次张总做的那件事情真的很不地道，你说是吧"等，这种通过提问企图建立亲密的关系，赢得对方的共鸣的方式，反而让客户怀疑你的人品，觉得你可信度很低。

如果你的提问影响到了客户对你的信任，那么客户在与你分享自己的想法、感受和顾虑时，就会有很大的心理负担，甚至内心会拒绝与你交谈。因此，销售员在拓展业务关系时，要规避以上会影响到自己可信度的问题，交流时表现出发自内心的真诚，让客户感受到你的真诚。

第五章

评估销售机会的提问策略

销售时间是有限的，这就要求销售员要善于评估销售机会，调整提问的重点，以在有限的时间内实现有效销售。

01

随意提问是没有什么效果的

提问是一种能力，但不是所有人都具备这种能力。这样说，可能有人要问：提问还需要什么能力？不就是想问什么就问什么吗？随意提问不是更能让谈话变得轻松自然吗？如果销售员在销售中也带着这样的想法，就很容易将销售沟通变成一种闲聊。而闲聊是聊不到实质问题的，更难以推进销售进程。

销售员王明去拜访客户。他看到客户的书架上摆放着很多奖杯，于是觉得这是一个打开话题的好机会："张总，我看到您这里有很多奖杯，您太厉害了！都是些什么奖杯啊？"

张总谦虚地答道："哪里，哪里，都是过去的事了。"尽管这样说，张总还是带着骄傲的神情和王明分享了自己过去的辉煌战绩。

王明听得津津有味，不时追问故事的细节，却忘记自己来这里的真正目的了。很快半个小时就过去了，王明正打算回到主题，客户却被一个紧急的电话叫走了。

沟通戛然而止，销售也就此终结。

王明的提问方式虽然对融洽双方关系很有效，但是他没能评估销售机会，及时调整话题，最终导致一次销售沟通变成了日常闲聊。

不少销售员在与客户沟通之前都有与王明一样的想法，觉得如果直奔主题太功利，于是选择更随意、自然的问题进行提问，以快速打开话

漫画图解·销售书系
销售一定要会提问
——高效成交的6个提问策略

闲聊聊不到实质问题，更难以推进销售进程。

题。确实，寻找客户感兴趣的话题对打开销售局面很有利，但是如果销售员提出的问题过于随意，就会导致销售行为无效。

因此，销售员在向客户提问时，一定要明确沟通目标，确定将要提出的重点问题和非重点问题，而不是随意、盲目地进行提问，耽误双方的时间，错失销售良机。

张大姐的一个亲戚请她给自己的儿子说媒，张大姐简单地了解了男孩的情况，然后就相中了公司里刚来的一个姑娘。于是，张大姐趁着午休的时间想找姑娘聊聊，探探口风。

姑娘在茶水间翻看一本杂志，张大姐自然地坐到她旁边问道："吃过午饭了吗？"

姑娘抬起头，笑着答道："吃过了，张姐。"

我上次给您寄了一份产品手册，很多客户向我们表示不知道这是用来干什么的。今天我过来就是为了说明一下……

巧妙进入主题有助于销售交流。

张大姐继续问道："你在看什么呀？"

姑娘扬了扬手里的杂志："时尚杂志。"

张大姐夸赞道："难怪看你平时穿得这么好看，原来经常从这里取经啊！这里面都讲了些什么呀？"

姑娘回答说："有颜色搭配、衣服风格搭配、饰品搭配等。打个比方，上衣要是穿黄色，下身穿黑色、深灰色、湛蓝色、浅灰色等颜色的裤子就会更好看。这些都是小窍门。张姐，您有兴趣吗？要不要看看？"

张大姐连连摆手："不用了，你看吧。"

姑娘看了看时间，对张大姐说："我要去泡杯咖啡，马上就要上班了。张姐，那我先过去了……"

见姑娘如此说，张大姐只好点头说好。等姑娘走后，张大姐才发觉

随意提问如同没意义的闲聊，销售员收集不到任何关键的有用信息。

自己要问的问题一个也没问。

张大姐的提问没有目标，自然就更谈不上围绕目标开展话题，所以结果是无效的。同样，销售员可以通过闲聊来打开话题，但是闲聊要适度，毕竟闲聊不是目的，只是为了更好地打开话题，为达成沟通目标做铺垫。

案例中的张大姐在通过"吃过午饭了吗"这个问题顺利打开话题之后，就应该立即转入针对沟通目标的提问"小李啊，我记得你一毕业就到我们公司上班了吧？今年是不是也有26岁了""姑娘长得这么好看，一定有很多人追吧"……通过这些问题，旁敲侧击地了解对方的情况，为自己接下来牵红线做好铺垫。

除了要明确沟通目标之外，销售员还要懂得在合适的时间提出合适的问题。例如，在销售开场时，销售员可以适当地寒暄，如"张总，最近在忙什么呢""李总，听说你最近刚从云南旅游回来，那边的风景不错吧"等。寒暄之后，销售员就要围绕自己此次拜访的目的进行提问，如"我上次给您寄了一份产品手册，很多客户向我们表示不知道这是用来干什么的。今天我过来就是为了说明一下……""我上次拜访的时候留下了一份新产品给您试用，我今天是来了解一下情况，您现在方便讨论一下吗"等。这样的问题提出来之后，既能顺其自然地开启接下来以销售为核心的话题，又让客户无法拒绝。

需要注意的是，销售员在采用这种提问方法时要提前做好准备。

最后，销售员在提问时要有顺序，不能想到哪儿就问到哪儿，这样不仅会使销售员自己无法建立严密的销售逻辑，也会让客户觉得莫名其妙，不知道你到底想要问什么，时间久了就会失去耐心，甚至对你产生不信任感。为此，销售员在拜访客户之前，可以先制订一个计划，在纸上写下自己想要提问的重点，并对问题进行简单的排序，做到心中有数。这样在真正见面之后，就可以避免迷失方向，想到哪问到哪。

总之，在需要得到销售结果的销售沟通中，随意提问是没有效果的。在沟通之前，销售员就要知道自己要问什么、怎么问、什么时候问、在不同的情境中提什么问题才最适当、如何提问更利于话题展开等。随意提问，只会让对方失去跟你继续交流的兴趣。

在提问前，销售员要明确问什么、怎么问、想得到什么样的回答、提问的目的是什么等。

02

逐步提升提问的"重点"

不少销售员往往会爆炸式地询问客户信息，常见的情况是："小姐您好，不好意思打扰一下，您对健身了解吗？想要了解吗？我们最近新店开业，办理我们的会员卡享受 5 折优惠，您有兴趣吗？我们现在已经……"

客户的大脑瞬间被销售员的各种提问"塞满"，既无法思考，也不能很好地回答问题。再加上对产品并没有足够的理解，客户往往会习惯性地拒绝："不好意思，我不需要。"

此时，销售员有两种措施：一是接着向客户介绍，直到客户态度强硬地拒绝；二是立马转向其他客户，采用同样的提问方式，结果并无二致。

销售员这样做往往很难发现客户的需求，也无法收集到有效的信息，自然也就难以评估销售机会了。

一般来说，在现实销售中，销售员在与客户沟通时主要应确定以下问题。

一是了解是否存在销售机会，即客户是否对自己的产品或服务感兴趣、客户对自己的产品是否有产生需要的可能。

二是（当确定客户对产品有需要的可能时）客户面临哪些困难，客户对这些困难是否有意识，这对他们而言意味着什么，他们是否有解决

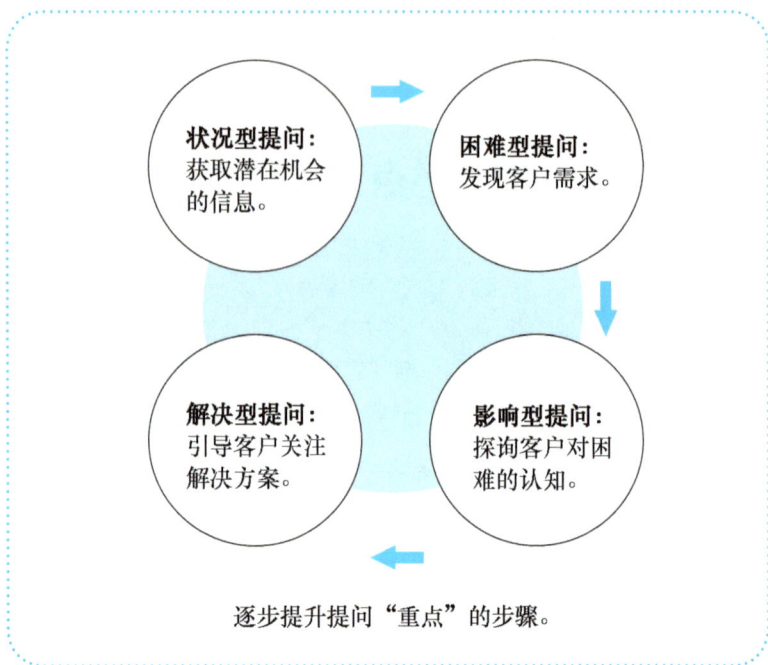

状况型提问：
获取潜在机会
的信息。

困难型提问：
发现客户需求。

解决型提问：
引导客户关注
解决方案。

影响型提问：
探询客户对困
难的认知。

逐步提升提问"重点"的步骤。

困难的欲望、欲望有多大等。

三是销售员如何提问才能引导客户为解决问题而做出思考等。

在这里，销售员需要注意的是，销售提问不是一蹴而就的，更不可能一步到位。为了能够提高销售会谈的价值，销售员要学会逐步提升提问的"重点"，这里涉及４种不同类型的提问。

状况型提问：获取潜在机会的信息。

困难型提问：发现客户需求。

影响型提问：探询客户对困难的认知。

解决型提问：引导客户关注解决方案。

提问之所以被分成这４种类型，是为了能够帮助销售员顺利地开展销售，有步骤地交谈，让客户顺其自然地接受销售员的提问，愿意对销售员吐

人在购物时易受理性思维
和感性思维的影响。

露心声，说出自己的想法和顾虑等。

人在购物时会受到理性思维和感性思维的影响。偏向理性思维的人在购物时会考虑"我到底需要不需要这个东西""这件产品的性价比怎么样"等状况型问题和困难型问题。而偏感性的人在购物时会考虑"我喜不喜欢这个东西""这件产品能不能解决我面临的问题"等影响型问题和解决型问题。

（1）偏理性：状况型提问＋困难型提问

销售员要想发掘客户的需求，可以采取困难型提问，这能够帮助销售员很好地解决这个问题；销售员要想了解客户是否需要自己的产品，可以采取状况型提问，这比困难型提问更有效果。同时，状况型提问和困难型提问更偏向于理性，因为这时销售员提问的主要目的还是收集信息，

143

了解客户现在的情况，判断客户是否对产品存在潜性需求等。

（2）偏感性：影响型提问 + 解决型提问

影响型提问和解决型提问主要偏向于感性，因为在这一阶段销售员需要与客户建立情感联系，要让客户能够放心地向你说出他的困惑和烦恼等，你要能了解客户的真实想法，这时需要情感的参与。影响型提问越多，就越能发现客户需求的紧迫性，激发客户的购买欲望。

逐步提升提问的"重点"之所以重要，是因为客户在做出购买决定时一方面是因为理性思维起作用，但真正起作用的还是"感性思维"，而逐步提问就是由理性转向感性的过程。如果销售员在向客户提问的过程中总是理性提问，不多久客户就会觉得枯燥无聊，无法继续谈话。

相反，当销售员进行感性提问时，就能很容易地让客户对你说出自己的真实感受，销售员也能根据信息发现客户内心最在乎什么，进而采取有效的措施。这时又会出现一个新的疑问：既然感性提问比理性提问更有效果，为什么不一开始就采取感性提问呢？

可以这样做，但是这样会提高销售失败的风险。因为销售员在不了解客户任何状况的情形下就采取困难型提问和解决型提问等感性提问，会让客户摸不着头脑，觉得很冒昧，而销售员自己也很难收集到全面的信息。

因此，销售员在与客户沟通时，要逐步提升提问的"重点"，先获取潜在的机会信息，然后根据信息发现客户的需求，接着探询客户对困难的认知，让客户意识到困难所带来的挑战和解决困难的重要性，最后再引导客户关注解决方案。

逐步提升的重点是先发现客户的需求，接着探寻客户对困难的认知，再让客户意识到解决问题的必要性，最后提供解决方案。

状况型提问：获取潜在的机会信息

状况型提问是获取是否有潜在销售机会的有效提问方式之一。一般来说，它发生在销售员与客户展开交流的初始阶段。状况型提问就是销售员会问客户一些基本情况，就像医生问诊一样，了解病人存在哪些状况，如是否发烧、流鼻涕，是否胸闷、气短等。销售员的提问是为了了解潜在机会的"状况"而评估销售机会的。

销售员在销售初始阶段也要进行一些状况型提问。举个例子，销售员向客户销售一款化妆品时，提问：

您之前有化妆的习惯吗？

您了解基本的美妆知识吗？

您是每天化妆还是偶尔化妆？

您都有什么化妆品呢？

您常使用什么牌子的化妆品？XX还是XX？

…………

销售员是从客户的回答中了解到自己是否有销售机会的。如果客户之前已经购买过化妆品了，并明确表示这次不会有任何购买行为，那么销售员就要放弃该次销售。相反，如果客户之前还没购买过化妆品，此时销售员就找到了销售机会，这便为接下来的困难型提问奠定了基础。

状况型提问有利于获取潜在的机会信息。

销售员通过状况型提问获取客户的状况，确定是否存在销售机会。此时，会有两种情况：一是销售员已经明确了客户的状况，这时就可以直接采取下一步提问；二是销售员面对新客户还没确定客户的状况，此时销售员要想获取是否存在销售机会就需要从客户的生活方式、爱好习惯、客户的目标等方面入手了。

下面具体分析一下，销售员如何从这 3 个方面获取潜在的销售机会。

（1）从客户的生活方式入手

从客户的生活方式入手，销售员可以询问客户"您是哪里人？是住在附近的小区吗""您平时关注 XX 吗""您平时喜欢去 XX 吗"等，从一些生活细节或生活方式入手，进行状况型提问，以便收集更多的信息。

从3个方面获得潜在的销售机会。

（2）从客户的爱好习惯入手

从客户的爱好习惯入手，同样也能获取潜在信息，如"您平时休闲时间喜欢做什么啊""您平时喜欢购物吗"等。一般来说，客户的爱好习惯中潜藏着很多关键信息，销售员可以从中了解状况。

（3）从客户的目标入手

从客户的目标入手，如"如果您有一笔闲钱，您打算用它来做什么呢""您对美好生活的期许是怎样的呢""您希望今年能达到什么样的目标"等，销售员可以从这些问题入手，了解客户的计划和安排。

状况型提问的目的在于获取潜在的机会信息，以评估当前销售机会如何。

销售员在状况型提问这一阶段，主要是为了获取客户的一些情况，了解是否存在销售机会。这是销售员正式了解客户的初始阶段，因此销售员不宜表现得太热切，不要提出太多状况型问题，这会让客户觉得与你谈话是一种负担，甚至觉得销售员更像一个信息收集员，而大部分客户不想自己只是一个回答问题的受访对象。

另外，状况型提问对客户来说是没多少价值的，因为客户对自己的情况是了解的。这就可能出现客户在销售员询问的时候不会轻易地和盘托出，甚至会想出一些托词来推辞的情况。

因此，销售员需要根据产品类型，提前做好相关的市场调研或研究等，了解潜在的客户群体，并提前想出能够让客户感兴趣的问题，从而激起客户参与的乐趣，表达出更多的信息。

值得强调的是，当获得了一定的客户信息，与客户建立起初步的信用关系之后，就要立马转向困难型提问，积极发现客户的需求，推进销售进程。

状况型提问对客户来说是没多少价值的，销售员要学会适可而止。

困难型提问：发现客户需求

困难型提问的目的是发现客户的需求和困难。当销售员开始使用困难型提问时，就说明销售员已经意识到要解决客户的难题了。例如，销售员向客户提问"您现在遇到的最大的问题/困惑是什么""目前摆在你们前面的最大障碍是什么""您打算实现什么样的目的""你们觉得会面临怎样的挑战""节省成本在何种程度上是关键因素"等问题，能直观地让客户感受到自己所面临的难题，并意识到难题对他们来说意味着什么。因此，在这一阶段销售员的工作任务就是尽可能地发掘客户的需求，并让客户有兴趣地参与到谈话中来。

在困难型提问这一过程中，销售员需要做好以下工作。

（1）挖掘客户的需求

经过状况型提问后，销售员已经获知了是否存在潜在的销售机会，但是这一切对客户来说是不确定的。因为客户即便对自己的状况了然于心，但是还没形成一个明确的需求。举个简单的例子，客户知道自己失眠不好，却没能形成一种"我要改善睡眠质量"的意识，对"解决失眠问题的办法"没有需求，这时就需要销售员进行发掘。

一般来说，客户产生需求主要基于两种原因，一是规避痛苦，二是追求更美好的购物憧憬，被产品或服务的正面利益吸引。当然，也有两者兼具的。例如，为什么人们会选择健身？有的人是为了保持身体健

正面利益：
保持身材苗条

规避痛苦：
防止身体脂肪
过厚

人们产生需求的两个原因。

康与活力（正面利益），而有的人是为了防止身材肥胖或降低心脏病发病概率（规避痛苦）。

也就是说，有的客户产生需求是因为正面利益，有的客户是规避痛苦而产生需求。如果销售员对想要获得产品正面利益的客户大谈特谈如何规避痛苦，是不能够激发客户的兴趣的。

（2）扩大产品或服务的利益

对销售员来说，无论是想获得正面利益的客户，还是想规避痛苦的客户，都是其目标客户。若想激起关注正面利益的客户的需求，销售员就要扩大产品或服务的利益。例如，当销售员向客户销售一款洗衣机时，可以从洗衣机的节能性、降低日常开支、使用便捷、性能优良等特点激起客户的需求，这些是追求产品正面利益的客户所感兴趣的点，销售

买榨汁机原来还要考虑安全性。

我们这款榨汁机卖得很好，除了外形时尚之外，质量和安全性也受到了用户的好评。

让客户意识到自己对产品的需求。

员从这些点出发极有可能激发此类客户的购买欲望；却很难触动规避痛苦的客户。这时销售员除了要强调产品的正面利益外，还要为那些致力于避免痛苦或损失的客户设计出方案。

我们还举洗衣机销售的例子，销售员可以说"我们的洗衣机一方面使用便捷、功能齐全（正面利益），另一方面还能降低噪声、避免令人头疼的××故障（规避痛苦）"，对产品进行双重定位，满足客户的需求。客户购买产品无非是想获得正面利益或避免痛苦等，而这两点又是销售员都可以提供的。

困难型提问的关键在于销售员是否能有效探听到客户的需求。

（3）激发客户的需求意识

当销售员帮助客户认识到自己的需求时，就推动了销售的进程。因为只有当客户意识到自己的需求时，才会产生购买产品的欲望。这时销售员要如何帮助客户认识需求呢？有一个好的办法就是让客户意识到其他人也与自己有着相同的需求，或客户能够从你的产品或服务中获得满足。

销售员向客户销售一款榨汁机，介绍道："我们这款榨汁机卖得很好，除了外形时尚之外，其他客户购买我们这款产品，主要就是看上了我们这款产品的质量保证和安全性。"这里的"质量保证"和"安全性"，就像无意间在客户心中播下的种子，让客户意识到自己在购买榨汁机时也应看重"质量保证"和"安全性"，客户会觉得自己确实也有这样的需求，甚至觉得自己购买榨汁机的主要判断标准就是"质量保证"和"安全性"，无形间就进一步增强了其购买的欲望。因此，销售员可以将产品的利益通过第三角度（如其他客户）表现出来，以增强说服力。

此外，销售员在客户的需求和购买动机间建立联系之后，还需要提升客户满足需求的紧迫感。因为当客户对当前情况比较满意时，不一定会产生购买需求。相反，当客户意识到自己的问题多时，就容易产生需求的紧迫感，从而迫切地做出购买决定。这就出现了"影响型提问"，即下一节需要分析的内容。销售员需要探寻客户对困难的认知，客户对困难认知的程度越深，就越会做出购买决定，销售员就越能赢得销售机会。

销售员要尽可能地引导客户关注自己的需求，进而做出购买决定。

影响型提问：探询客户对困难的认知

当销售员发现客户的需求之后，接下来就要进行影响型提问了。影响型提问的目的是探寻客户对困难的认知，促使客户认识到困难到底对他们意味着什么，这里的困难更倾向于该困难产生的负面影响，如使得他们受到损失、心情不好等，进而让客户产生对满足自身需求的急切渴望。也就是说，客户对困难的认知程度越深，就越能够激发其满足需求的欲望，就越有利于销售员引导客户关注解决方案。

举一个影响型提问的例子，"如果身体一直处于疼痛状态而且整天都没有精神会发生什么事情"，当销售员提问之后，客户会怎么回答呢？这时客户会把自己的感受告诉你，如客户会说"影响工作效率，心情低落"等。客户此时会详细向你描述"身体疼痛却得不到缓解"的问题有多重要，但此时客户还是停留在一个了解自己的感受并将自己的感受分享出去的状态。

销售员越能够促使客户考虑困难对他们来说意味着什么，就越容易达到自己提问的目的。

（1）尽可能地提出更多的影响型问题

为了探询客户对困难的认知，销售员要尽可能地提出更多的影响型问题。

如果每天都浪费一些水，一年 365 天，您知道这对水费来说意味着

困难型提问越多，越能增加
客户对困难的认识。

什么吗？

　　这种 XX 行为会导致您公司的成本增加吗？如果解决 XX 问题，您觉得一年会节省多少费用呢？

　　如果 XX 问题还没解决的话，会不会失去 XX 机会？

　　网络不稳定是不是会带来比较大的影响呢？

　　如果总是出现 XX 问题，会给你们带来什么后果？

　　在某种程度上，销售员提出的影响型问题越多，越能引起客户购买产品的欲望。同样，客户回答的问题越多，说明客户对困难认知的程度也就越深，客户也就越明白这些困难对他们来说意味着什么，销售员就更容易提升客户满足需求的紧迫感。

主要表现在这几点，一是……

您说的重要性具体表现在哪里呢？

探寻客户对困难的认知程度。

（2）保持适当追问

销售员在提问影响型问题时，因为涉及困难或挑战所带来的危害，此时客户可能内心紧张。当客户的内心感到紧张时，是难以轻松地与销售员进入话题的。

虽然，引起客户内心的重视是销售员愿意看到的，但是客户过度紧张也是不利于谈话的，这时销售员就需要引入"适当追问"让客户感觉放松，如"接下来呢……""然后呢……""还有别的吗"等，营造一种氛围，让客户像讲故事一样讲出自己的感受。一方面，让客户觉得你对他所

你发现的影响越多，客户做出购买决定就越容易。

说的事情很感兴趣，激起客户的表达欲望；另一方面，销售员也能通过如此询问扩展客户表达的内容，调整提问的重点和倾向性。

销售员问："节省成本对您来说重要吗？"

客户答："很重要啊。"

销售员继续问："您能具体分析一下到底有多重要吗？"

销售员就是要通过这种简单问题，进一步了解客户的感受，了解节省成本对客户来说究竟有多重要。

影响型提问和解决型提问偏向于感性，需要更多地让客户开放自己，真实地表达自己的感受。因此，销售员在这一阶段除了要提出典型的影响型问题外，还需要向客户提问，如"您觉得……怎么样""您觉得如何呢"等，真诚地尊重客户的内心感受，让客户知道你时刻关注他的想法。

影响型提问促使客户考虑困难到底对他们意味着什么，这才是最终促使其做出决定的动因。

解决型提问：引导客户关注解决方案

　　解决型提问是发生在前 3 个提问之后的，销售员发掘到客户的需求并让客户意识到这些需求对他的意义之后，这时可以将客户的注意力从关注问题引导到解决问题上来。也就是说，销售员需要通过扩大客户的问题来让客户充分意识到问题带来的后果，进而让客户隐藏的需求变成明确的需求，引导客户关注解决方案，促进销售顺利进行。

　　解决型提问能够帮助销售员控制与客户沟通的节奏，并通过提高客户的紧迫感，让客户意识到解决问题的必要性，以提升对解决方案的期待和接受度，但又不至于让客户觉得自己面临一个难以克服的问题（觉得解决方案无效）而心生退缩。

　　因此，到了解决型提问这个阶段，销售员的主要目的是引导客户的正面情绪，让客户从对问题的不安、焦虑中转移出来，让客户与自己一起讨论。如何更好地解决问题才是这阶段的主要任务，如销售员提问"张总，您现在想了解一下我们打算如何为您解决刚才的那个麻烦吗""王总，您想了解一下我们将采用什么办法提升您公司的运营效率吗"等，引导客户关注解决方案。

　　销售员李洋已经成功地挖掘到了客户需求，也让客户认识到这些困难对他所产生的影响，这时李洋觉得时机到了，想给客户提供一些解决办法，引导客户关注解决方案。

解决型提问的目的是引导客户关注解决方案。

李洋询问客户："张总，这是我今天带过来的方案，您有兴趣让我为您展示一下如何解决刚才我们讨论的那个成本问题吗？"

客户很乐意，因为他全程有效参与了整个销售过程，一步步讨论了解决方案，此时客户甚至有些迫不及待："好啊，我还真的很想知道你是怎么解决的呢！"

只要在这之前销售员成功地探寻到了客户对困难的认知，并在与客户讨论过问题之后引起了客户对解决问题的认识，那时客户一般是不会拒绝了解销售员的解决方案的。

但是，此时销售员同样需要明白一个事实，就是客户不喜欢自己被销售员"推着走"，一旦销售员"用力过猛"，客户就会有一种"掉入销售员圈套"的感觉，内心会觉得销售员的一切行为不过是为了达到此时

159

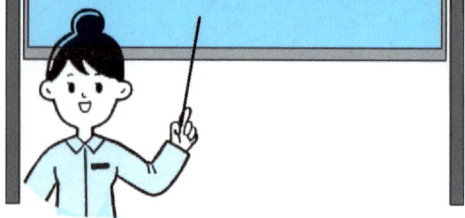

注意事项： 善提假设性问题
让客户看见利益
以客户为中心

解决型提问的注意事项。

的目的，会让客户降低对销售员的信任和好感。尤其是当销售员过于暗示自己的解决方案的效果时，会激起客户的警觉。

（1）善提假设性问题

因为客户不喜欢"被推着走"的感觉，所以这时销售员就要提出假设性的问题，给客户提出一个"接下来要怎么做"的问题，引导客户关注如何解决这个问题，而不是让客户觉得你要推销产品。销售员这时只不过为销售创造了一个机会，具体如何选择由客户决定。

同时，为了让客户能够自然地参与进来，销售员需要让客户对你的方案产生好奇心。这部分内容我们在第二章已经提及。例如，销售员与客户讨论的内容是"如果每一台机器都发生令人头疼的故障而一整天都

解决型提问通过把客户的注意力集中到如何解决困难上，进而推动客户做出决定。

无法恢复会发生什么事情"。当销售员进行解决型提问时，可以对客户说"我们这里有一个能够帮助你解决这个问题的方案，你想听听吗"，激起客户对解决方案的兴趣。

（2）让客户看见利益

需要注意的是，销售员不能操之过急，不能在发现客户需求的初级阶段就急着提出自己的解决方案，否则客户不仅会怀疑你的用意，同时也会因没能清楚地了解这个问题的重要性而忽略你的提案。这时销售员可以提问客户"您想不想了解一下我们是如何为您解决节省成本的问题的"或向客户询问解决办法"如果节省成本不是您的主要目的，那么您想如何解决这个问题呢"，以真诚、友好沟通的态度向客户提出问题，提出解决问题的方向，让客户觉得你是真的来帮助他解决问题的，而不是为了销售自己的产品。

（3）以客户为中心

人几乎都喜欢话题围绕自己展开，自己能把控话题，也喜欢谈论一些对自己来说很重要的话题。而在一般的销售中，销售员要不就滔滔不绝地给客户介绍产品信息，说服客户购买，要不就轰炸式地提问客户，让客户觉得自己只是个"回答问题的人"，客户的这两种体验都不会有效地促进销售。

销售员有策略性地提问刚好给了客户这种把控话题和谈论对自己来说很重要的问题的感觉。这种感觉会让客户说出更多的内容，销售员也能从客户说出的内容中发现客户的需求，并给客户提供行之有效的解决方案，让客户想象问题成功解决后所能获得的利益。同时，也暗示自己能够成功地帮助客户解决他所担心的问题，建立客户的购买憧憬。

不要在发现需求的早期阶段就贸然提出解决型问题。

漫画图解·销售书系
销售一定要会提问
——高效成交的6个提问策略

引入消极因素的中性化问题

平心而论，销售员在销售中是不想听到任何一点坏消息的，如客户不想了解自己的产品，客户拒绝回答自己的问题，客户要选择其他家的产品等，虽然这是销售员经常面临的事。

为了将销售导向一个好的方向，并使客户做出正面、积极的肯定回答，销售员在向客户提问时往往会提出充满"希望"的问题。

什么是充满"希望"的问题呢？例如，"张先生，您对我刚才的解说还满意吧？我刚才介绍得还清楚吧""李总，我们现在可以签合同了吗？您对刚才的状况满意吧""我们为您准备的方案很贴心，是吧"等，销售员十分希望客户做出"我挺满意的""刚才介绍得挺清楚""我们现在可以签合同了""你准备的方案很贴心"等正面、积极的回答，这些就是充满"希望"的问题。

这些问题都是预先框式的，也就是说它们已经被预先确定了正面的引导性。当你想要得到对方正面、积极的回答或不希望结果导向某种较为危险的局面时，你一般就会提出这种预先框式的"希望"问题。

如果销售员总是向客户提问预先框式的"希望"问题，是很难获知客户真实的想法和顾虑的，也就无法获得完整、准确的信息，此时客户的反馈也不能真正地推进销售，反而对客户来说是一种负担。

如果销售员想要获得客户真实的想法，得到更全面、有效的信息，

李总，我们现在可以签合同了吗？您对刚才的状况挺满意吧？

呃，这个吗……

预先框式"希望"的问题让客户很难给出准确的回答。

销售员就要学会在"希望"问题中引入负面因素，将其转化成中性化问题，这种问题更客观中立，也更能促使客户说出真实的信息。因为中性化的问题是基于事实的，它排除了提问者的主观因素，让被提问者感觉到轻松，能自在地表达想法。

什么是中性化的问题呢？就是提问者可以给被提问者选择的余地，让对方放心地从正反两个方面回答。例如，你想问某人问题，这时你说"不好意思打扰您了，您现在是不是在忙啊"，当问题中加入负面因素时，对方反而可能会给你有益于你的回答，"不……不忙，您有什么事情吗"；相反，你提出"希望"的问题"您现在有时间吗？我想问你一个问题"，对方则很大可能会回答"不好意思，我在忙"。

今天的菜还习惯吗？哪里还需要改进一下？

吃得很好，如果西红柿再稍稍淡一点就更好了。

中性化问题便于对方回答。

　　再回到销售问题中，上一节讲到销售员提出的"希望"问题，如"张总，我们刚才的交流都挺好的，我们现在可以签合同了吧"，这会使得客户难以说出真实的想法，甚至会对销售员心生反感。但如果加入负面因素，此时问题就变成了"我们刚才聊得还挺融洽，等下签合同有问题吗？或者您认为还有什么因素会让您延迟签合同的时间呢。"这就给了客户选择的余地，问题也偏于中性，此时客户心中若是没了疑问，一定会乐意与销售员签订合同。相反，若是客户心中还存在一定的疑惑，见销售员如此询问，也不会再作掩饰，会真诚、大方地告知销售员此时自己真实的感受。这就是引入负面因素的中性化问题的好处，即能够让客户更开放地公开自己的想法，销售员也能得到更真实、有益于销售的回答。

我们总结了两个"引入消极因素的中性化问题"时可用的小技巧。

（1）妙用"或者""还是"

引入负面因素，将原本的"希望"问题变成中性化问题，有一个小妙招就是在原本正面的问题后面加上"或者""还是"，这样就能转变问题的属性，让客户愿意吐露心声。例如，"您是想现在签合同，或者再接着了解一下""您是想现在讨论 XX 问题……还是再等一下呢"，让客户轻松地做出选择，而不必产生心理负担。

当然，也有不少销售员提出与之相反的理论，认为一旦销售员提出中性化问题，客户就更有理由"逃脱"，借着话头说出否定的答案。例如，销售员询问客户"我们刚才聊得还挺融洽，等下签合同有问题吗？或者您认为还有什么因素会让您延迟签合同呢"，这时客户若是回答"现在签合同还是有点早，我再想想吧"，这看上去似乎是销售员主动给了客户"一个逃脱的理由"。

但是，有能力的销售员不畏惧客户说出否定的答案，即便客户给出否定答案，销售员也能从这些否定答案中得到有效信息，因为客户除了给出现在不能立即签合同的回答外，还回答了销售员提问中的另一个问题，即"什么因素延迟了您签合同的时间"，这时销售员就可以接着和客户就"XX 因素"展开讨论，将销售导向好的结果。因为销售员利用负面因素让客户给出了更多的信息，无形间推进了销售进程。相反，如果销售员只提出正面的希望性问题，客户是不会与销售员分享自己的真实想法的。

销售员若是能够从自己的问题中加入负面因素，反而能收到良好的有益于销售开展的信息。

（2）善于使用婉转语句

引入负面因素的中性化问题，不会让客户感觉到压力，与预先框式的"希望"问题相比，中性化问题扩大了双方交流的边界，也大大降低了提问的风险。销售员除了可以将"或者""还是"引入中性化问题以得到客户更真实的想法之外，还可以使用以下方法，让自己的销售开展得更如意，如"我不知道怎么说才好，但是……""为了不耽误您的时间，我就直接一点，请问您……""我也很不想这么麻烦您，但是……"等，销售员引入负面因素，客户给出的答案在无形中会鼓励你说出更多的内容，如"您尽管说……"。

这里需要注意的一点是，销售员的态度应是坦诚的、不卑不亢的，如果销售员态度过于谦卑，也会招致客户的反感。

与预先框式"希望"问题相比，中性化问题扩大了双方交流的边界，并降低了提问的风险。

第六章

快速达成交易的提问策略

在销售成交环节，销售员要为最终成交加一把火，以顺利推进销售进程，获得订单。

达成交易的5个前提条件

不少销售员认为达成交易是偶然性事件。确实，成交时机瞬息万变，但这并不意味着成交无迹可寻。一般来说，达成交易有5个前提条件，销售员提出成交之前要确定自己是否达到了这5个前提条件。

（1）确认客户的需求

首先，销售员需要确定自己是否已经确认客户的需求。这一点是销售成交的基础，因为客户基于一定需求才会购买。因此，销售员要询问客户"有什么需要""我所提供的产品或服务能满足您的要求吗"等，确认客户需求。

（2）可行的解决方案

销售员需要确定的第二个前提条件：是否有针对性地提供了解决方案。你要确定自己是否按照客户的需求给他推荐了适合的产品或服务，是否帮助他解决了让他感到困扰的问题等，如果你没做好这些工作，是很难达成交易的。

（3）证明物有所值

很多时候客户对购买一件产品或服务不能下决心，很大一部分原因是客户担心钱花得不值。因此，销售员要想快速达成交易，就要证明物有所值。

达成交易的5个前提条件。

从客户角度来看，存在需求并不足以让他购买。要想让客户购买你的产品或服务，那你所提供的解决方案的价值要超过客户的成本，要物有所值。价值越大越容易证明物有所值，也就越容易实现成交。

（4）提升紧迫感

有时客户确实发现了自己的需求，并认可销售员推荐的产品，但是客户并没有立即做出购买产品的决定，因为客户觉得维持现状也是一种不错的选择。这时销售员就要从客户最看重的、最放不下的点来提升客户满足需求的紧迫感。

例如，销售员向客户推荐了一条裙子，裙子的风格和样式客户都很喜欢，可是客户在这个夏天已经买了不少裙子，觉得再买一件似乎有些浪费。这时，销售员说："很少有人能将黄色的裙子穿得这样清新脱

> 这是最后一件了，而且款式很好，与您的包包也很搭。

提升客户的紧迫感。

俗，而且您刚才试穿的时候我发现与您今天背的包包很搭。这条裙子我们一共才进了5件，这是最后一件了……"经销售员这一夸一抬一激，加上客户本身就很喜欢这条裙子，她就会觉得"如果这次不买，可能就会错过这么好看又这么适合自己的裙子。如果那样的话，实在有点可惜"。一旦客户产生这样的紧迫感，就会做出有益于销售员的决定。

（5）明确购买的决策权

以上 4 个前提条件即使你全部做到了，也不能百分之百地保证客户一定会购买，毕竟他可能并不拥有决策权。例如，有的小朋友很喜欢某个玩具，非常着急地要买，但他的妈妈不同意，那销售员就无法把这个玩具卖给这个小朋友。因此，在提出成交之前，销售员必须明确购买决策权在谁的手上。

例如，某家具销售员接待了一对夫妇，两人前来选购沙发。妻子看上了一款沙发，有强烈的购买欲望，积极询问丈夫的意见。但丈夫并不喜欢妻子看中的沙发，转而去寻找别的款式的沙发。这时，妻子也放弃了这款沙发，跟随丈夫去看别的款式。在这一过程中，销售员就要明确最终的购买决策权在丈夫身上。如果销售员总是尝试唤起妻子做出购买的决定，销售进程就会陷入困境，因为拥有决策权的人才能真正促成交易。

总之，销售员只有了解并确定自己的销售进程已经满足了以上 5 个前提条件，才能快速促进交易。

达成交易的5个前提条件缺一不可，否则永远都会与成交只差一点点。

时机试探：客户是否准备交易

当你试图完成交易时，进行时机试探是非常重要的。客户喜欢你提供的解决方案吗？这个方案有没有完全打动客户？他们会做出什么样的决定？他们打算如何成交？他们还想从中获得什么？等等，这些问题的答案对把握销售时机很关键。

但是，大部分客户并不会直接将自己是否决定购买的想法告诉销售员，此时销售员就要学会利用提问试探时机，判断客户是否准备交易。如果客户已经准备交易，销售员就要抓住时机，快速成交。如果客户依然犹豫，销售员就要进行另一项工作——接下来做什么能促使客户愿意成交。在这个环节，销售员要确认以下问题：

客户此时内心是否产生了极大地想要购买产品的冲动？

自己当前给客户提供的解决方案是否让客户满意？

客户还想确认什么问题？

他们真的很想要这个产品吗？

他们对产品还存在哪些顾虑？

⋯⋯⋯⋯⋯

这些问题的答案对最终促成交易十分重要，也是时机试探过程中销售员要重点关注的问题。具体来说，利用提问试探成交时机，可以采取以下 4 个策略。

时机试探的4个策略。

二选一

从小处着手提问

包含潜在问题的中性化问题

坦诚兜底的问题

（1）二选一

二选一策略是指销售员不直接询问客户是否准备成交，而是让客户在两个可行的方案中做出选择。例如，"您希望获得大礼包还是现金折扣""您是希望将货物送到公司还是您的家里"等。如果客户做出了选择，说明客户内心已经做出购买产品的决定，成交时机已经成熟。相反，如果客户没有做出选择，说明客户此时还不打算成交，即成交的时机还不成熟，销售员要再次明确客户的需求、疑虑、问题，并提供新的解决方案。

（2）从小处着手提问

有时候，即便你用了二选一策略，客户也很可能不会告诉你他的真实想法，而是用"先不说这个""我再考虑考虑"等模糊语言进行回答。这个时候，销售员可以从小处入手进行提问，让客户不好意思不回答。例如，"您希望什么时候收到货""您和家人之前谈论过汽车的款

您和家人之前讨论过汽车的款式吗?

从小处提问来了解客户的心意。

式吗""到货后,您打算把产品放在哪里呢"等。这样的问题既容易得到答案,又有助于判断成交的时机。不足之处就是,你可能需要连续问好几个同类问题才能知道成交时机是否成熟。

(3)包含潜在问题的中性化问题

销售员往往喜欢提问包含"希望"的问题来拒绝潜在的危险,但这些问题反而让客户难以真实地表达出内心的想法。反而是一些包含"潜在问题"的中性化问题,先把客户的顾虑提出来,可以让客户自然地、毫无压力地表达出真实看法。例如,"张总,我看您好像还有点顾虑,是我们在哪个方面还欠考虑,是吗""我们现在是否可以签单?或者您觉得还有哪些地方可以做些调整""您能告诉我,您在顾虑什么吗?我也好给您解决"等。如此坦诚的、开放式的提问方式,可以让你得到更真实的信息,并以此判断是否可以达成交易。

时机试探是一件很需要技巧的事情，销售员需要注意提问方式。

（4）坦诚兜底的问题

销售员希望能快速、准确地知道客户是否有达成交易的意愿，但由于双方信息不对等，销售员越是急切地想要达成交易，客户心中的顾虑就会越多。如果销售员此时可以坦诚地兜底，反而能够得到客户更明确的答案。

例如，销售员对客户说："王总，我老实和你说吧。我们老板让我在月底之前敲定您的案子，我自己的预估是在这个星期，也可能我的估计过于乐观了。您觉得咱们这个项目在这个星期可以敲定吗？还是说我再去向老板汇报一下情况发生了一些变化……"

销售员坦诚地向客户表达出了自己希望"在这个星期可以敲定"的想法，同时也咨询了客户的想法，所以这里的请求并不是强迫性的，而是以客户的需求为准，更能让客户认真考虑。如果在前期的交流中客户已经对销售员产生了信任，也已经了解了产品或服务对自己的价值，客户就有可能给出明确的答复。即使不能直接达成交易，销售员也能因此知道最终能够促成交易的关键点是什么。同时，销售员也可以通过适度追问来确定成交的时机，例如，"您觉得还需要多长时间""您觉得是什么原因导致您产生了XX顾虑"等。

时机试探对快速达成交易有重要的作用，能够让销售员知道自己离成交还有多远，甚至可以让销售员了解到成交路上的绊脚石到底是什么，进而做出更好、更准确的决定。

直接提出成交的问题

在实际销售中，只要销售员还没真正拿下订单，即便和客户聊天的过程再愉快，再怎么激发了客户的需求，都不算真正地销售成功。销售成功是指销售员拿到了客户签字的订单。因此，当销售员觉得成交的时机已经成熟时，就要通过提问明确销售结果，敲定成交信息。例如，"张小姐，您确定要这件衣服，是吗""李总，我们现在是不是可以先把合同签了"等。

这种直接提出成交的问题，对快速达成交易是比较有效的。尤其是当你前期花了很多的时间与客户沟通，了解了客户的需求和想法，并获得了客户的信任时，这种提问方式不仅会快速推进销售进程，还会帮助你从客户那里得到明确的答案。

服装销售员王敏销售业绩一直很好，而且以"成交速度快"得到同事的认可。

一天，客户看上了一款大衣，王敏在给客户介绍完衣服的价值后，又针对客户的需求做了相应的调整。此时客户反复试穿大衣，并显露出满意之色。

于是，王敏看准时机，直接提问："这件大衣您要了是吗？"

不少客户在听到这句话之后，会立即做出购买的决定；但也有一部分客户会表示"再考虑一下"，王敏也并不因此感到失落，因为她知道

这件大衣您要了，是吗？

直接提出成交推进销售进程。

想买的客户终究会买，而对需要"考虑一下"的客户，王敏也会继续提问"需要考虑的点"是什么。这既不耽误时间，又能推进销售进程。因此，王敏的销售效率很高，成交率很高。

在现实销售中，一般销售员会避免直接向客户提出成交，主要是因为销售员害怕听到客户的否定答案，甚至担心由此陷入被动。一般销售员会尽量"哄着"客户，觉得只要自己不要求成交，客户就不会做出不利于销售的决定，自己就还有机会。事实上，如果成交的时机已经成熟而客户又不主动提出成交时，销售员如果不适时地"推一把"，很有可能就错过这笔订单了。毕竟在商品过剩的时代，客户对成交并没有那么急迫。

在使用直接成交法时，销售员需要注意以下 3 个问题。

尊重客户的意愿，不要向客户施压

注意自己的语气和表情

注意利用时机

直接提出成交的注意事项。

（1）尊重客户的意愿，不要向客户施压

在销售中，客户一般不喜欢被销售员"牵着走"的感觉，所以销售员在使用直接成交法时，要避免让客户产生"你在帮我做决定"的感觉，而是要站在客户的角度提出带有建议性成交的问题，把最终决定权留给客户。例如，"我们现在就定下来怎么样""您穿这件衣服真的很好看，现在就帮您包起来吗""今天咨询的客户预订课程都会有一个9折优惠，我这边先帮您做一下预订吗"等。

销售员要尊重客户的意愿，让客户知道你是为他考虑的，如"张先生，您觉得您现在做出决定困难吗？还是说要征求一下家人的意见""王小姐，您是需要再想一想，还是直接下单呢"等，这些提问从表面上看似乎对销售员不利，因为客户可以从销售员给出的答案中"逃离"出来，直接提出成交并不是一件可怕的事情，反而能有效提升成交概率。

如"我是想征求一下家人的意见""我还是想一想吧"，但是只要销售员的前期工作做得到位，与客户做了真诚沟通，建立了信任关系，此时的提问只会让客户快速地做出决定。例如，当面打个电话询问家人的意见，或者将自己内心的顾虑大胆地告诉销售员，对销售员敞开心扉。

（2）注意自己的语气和表情

直接提出成交会对客户造成成交压力，为了不适得其反，销售员在直接提出成交的问题时，要注意自己的语气和表情。如果销售员在提问时以一种盛气凌人或你爱买不买的表情向客户提问，即便客户内心对产品有需求，客户也会放弃购买。

因此，销售员在提出直接成交时，语气要温和、带有征询意味，表情也要真诚、友好，让客户感受到你是在询问他的想法，而不是在给他施加过多的压力。

（3）注意利用时机

直接成交法的使用需要注意时机，销售员在明确以下 3 个信号后才可以使用直接成交法。

一是客户对产品表现出明显的好感，但一时又比较犹豫、拿不定主意。例如，客户嘴里反复说"其实这件衣服质量真的蛮好的""这衣服款式还挺好的""这款 XX 产品的性价比还挺高的""我身边有朋友在用这个牌子的 XX，他们都说挺好的"。

二是客户对产品有明显的好感且双方已经交流了很长时间，但客户此时并没有意识到成交这个问题时。这时，销售员就要主动成为"捅破这层窗户纸"的人，直接向客户提出成交，如"张总，要是您没有什么意见，我们就把合同签了吧""张姐，咱们今天就把合同签了吧，剩下的事情就交给我，您放心"等。

直接向客户要求订单并不是一件可怕的事情，不过也需要销售员在这之前做足功课，进而勇气和底气十足地直接提出订单的要求。

直接提出成交要尊重客户的意愿，并注意自己的态度、声音和表情。

漫画图解·销售书系
销售一定要会提问
——高效成交的6个提问策略

强化体验的问题

我们在购物时可能会有这样的感受，最终影响购买决定的其实是感性思维。当我们感觉对了，就会做出购买决定。

这一点在女性身上体现得尤其明显，这也是很多女性即使衣柜里已经塞不下了，但见到自己喜欢的衣服还是会买下的原因。即使是看似理性的男性消费者，往往也会凭感觉做出是否购买的决定。例如，男性在选购按摩椅的时候，可能不会像女性买衣服那样逛来逛去，他在坐上按摩椅体验的一刹那，恐怕就已经知道自己要不要买了。

因此，在成交环节，销售员要提出一些能强化客户体验的问题，让客户在思考答案的过程中再次产生这东西的确很不错的感觉，以促成成交。

具体来说，强化体验的问题主要是结合产品的实际情况，从客户的视觉、触觉、听觉、味觉等方面切入。

（1）强化视觉体验的问题

强化视觉体验的问题一般用在外形、颜色、包装等存在较大优势的产品上。例如，服装、礼品、艺术品等。

销售员在描述产品的时候要多使用一些视觉系的句子或词语，例如，"这款大衣的系带设计很显身材，让您的腰身看起来更细了（这个颜色您穿起来，气色看上去更好了）。您看看镜子里的自己是不是更

强化客户体验的内容。

美了""您看这个保修卡上的说明，是不是5年免费保修"等。"看起来""看看""看上去"等视觉系的词语，能让客户不自觉地关注产品的视觉效果，如果的确如销售员所说，客户有会产生"满意"的感觉，进而想要购买。

化妆品销售员李洋接待了一位客户，客户想购买一款口红，她从众多口红中挑选了一款。

此时，李洋对客户说："您可以多试几款口红，看看效果。尤其这款豆沙色口红，正是当季的流行款，您也可以试一试。"

客户依言试了自己挑选的和李洋推荐的两款。当客户试用了豆沙色的口红时，李洋不住地称赞："这款口红很衬您的肤色，精致又大气。您皮肤很好，五官也很明艳大方，其实这款深色的口红非常适合您。您

您可以把手搁在里面好好感受一下，是不是很保暖？

强化触觉体验易于提升产品的价值。

自己照镜子看看，对比一下，您更喜欢哪个呢？"

最终，客户购买了两款口红。

李洋之所以能多销售出去一款口红，关键在于李洋在客户试用产品时不住地强化客户的"视觉体验"，频繁地使用视觉化词语，如"精致大气""明艳大方""很衬肤色"等，让客户形成李洋口中说的那种体验，从而被说服。

（2）强化触觉体验的问题

一般来说，需要强化触觉体验的产品是贴身服饰、床上用品（如床单、床套）等，销售员在描述的时候多使用一些形容触觉的句子或词语，如"这款毛衣很亲肤，摸起来很舒服，您看是不是这样""这个布料很凉爽，穿起来很舒服啊，是吧""这个围巾戴起来很温暖啊，您觉得

客户对产品的体验越好，成交的可能性就越大。

呢"等。

销售员给客户推荐一款保暖内衣，客户对产品并不是很感兴趣。

这时，销售员说："您可以摸摸这衣服的料子，是不是很舒服？"

客户用手在衣服上摸了一下，点头："确实，还挺舒服的，面料还挺柔软。"

销售员接着提问："您可以把手搁在里面好好感受一下，是不是很保暖？"

客户又尝试了一下，发现确实如销售员说的那样，保暖性能很好。

销售员又接着强化体验："您再摸摸看，这款保暖内衣穿着保暖，但是不臃肿，料子又很亲肤，您看呢？"

因为保暖内衣的产品属性，所以销售员在向客户推荐时着重使用了"摸摸""料子""保暖""柔软""亲肤"等词语，以强化客户的触觉体验，自然地引导客户产生"我就是要购买如此亲肤、柔软的保暖内衣"的想法。

（3）强化听觉体验的问题

强化客户的听觉体验的产品一般是音响、耳机、手机等，销售员可以根据产品的特点和功能属性等，从听觉体验方面进行产品介绍，如"这款音响的声音很棒，特别立体、饱满，您来听听看是不是这样""这个产品的声音就像百灵鸟一样""这个耳机听到的声音特别真实"等。针对听觉系的产品，销售员需要使用一些能强化听觉体验的词语，如"饱满""立体""悦耳"等，让客户体验到产品的美妙之处。

强化客户体验的问题，能让客户从情感体验上感受到产品的美妙之处。

（4）强化味觉体验的问题

强化味觉体验的销售策略一般适用于食品类、饮料类产品等，销售员从食品的特征和给味蕾带来的美好感觉出发，能促使客户快速成交。

销售员给客户推荐一款面包，邀请客户品尝。客户在品尝的时候，销售员提出强化体验的问题"这款面包特别松软，入口即化，味道清甜，您觉得是不是这样呢""这款面包甜而不腻，您吃吃看，是不是这样呢""这款面包口感独特，吃完会有浓浓的奶香味，是不是这样呢"等，而客户在听到销售员这类提问之后，会进一步地去感受销售员口中的"松软""入口即化""甜而不腻"等，无形间会增强自己对产品的感受。

强化客户体验的问题，能让客户从情感体验上感受到产品的美妙之处，进而让感性战胜理性，快速做出成交决定。

强化体验的问题十分重要，因为客户在购买产品时感性因素总是占上风，大多数购买者也是"感性的"，强化体验一方面有利于深入了解客户的内心感受和想法，另一方面有利于强化客户的感性因素，促使客户成交。

追问客户疑虑的问题

不少销售员常常有这样的抱怨：客户明明对产品表现出了好感和需求，却迟迟不肯成交。其实这不难理解，我们购物时可能都会有这样的感受，当我们对产品还心存疑虑时，是不会轻易做出购买决定的。

这时，销售员要想有所突破，就要追问出客户的疑虑。有的客户会坦诚地告诉销售员自己的疑虑是什么，但大部分客户不愿轻易地说出自己的疑虑。这就需要销售员借助一定的追问技巧来了解客户的真实想法了。

（1）追问客户的想法和感受——"您对效果是怎样认为的呢"

在销售过程中，销售员出于将产品快点卖出去的急切心理，常常会忽视客户的想法和感受。有时候，简单的一句"您是怎样认为的呢"就能很好地顾及客户的心理感受，并给客户一个诉说自己想法的好机会。

销售员洋洋给客户介绍了一款护肤品，讲到这款护肤品具有提亮肤色、缩小毛孔等功能。

这时，客户问道："真的有效果吗？"

洋洋并不着急回答，反而问客户："您对效果是怎样认为的呢？"

客户说："其实我想问的是，和我出现同样问题的人，情况得到缓解了吗？"

真的有效果吗？

您对效果是怎样认为的呢？

追问客户的疑虑很有必要。

洋洋说："哦，您是这意思啊。这个您放心，仅这个月从我这里购买产品的客户，就有十多人使用这款产品之后肤色明显提亮了。昨天还有一个客户专门来回购呢！她之前的皮肤状态也是很不理想，尤其是毛孔粗大的问题比较严重，使用了这款产品一个月后，我看已经改善了很多。所以说，您可以放心购买。"

客户说："这样啊，那我也试试吧。"

销售员洋洋通过追问客户"您是怎么认为的呢"，把问题交还给客户来思考，最终明确了客户的疑虑，再针对客户的疑虑做出解释，通过消除客户的疑虑促成了交易。

（2）关注客户的真实感受——"坦白说，您是怎么想的呢"

有时候虽然客户产生了疑虑，但是他们并不能清楚地表达出自己的

坦白说，您是怎么想的呢？

这款产品我很喜欢。只不过……

一句坦白说可有效地问出客户的疑虑。

感受。这个时候就需要销售员进一步追问"坦白说，您是怎么想的呢"，来锁定客户具体的疑虑点。

客户说："你们这个产品还挺好的，但是我还需要再好好考虑考虑。"

销售员说："您能具体和我说说您要考虑的是什么吗？"

客户："价格吧。"

销售员接着问："坦白说，您是怎么想的呢？"

客户说："老实说，你们这个产品我很喜欢。只不过我也看到过同款产品，价格比你们家的便宜近 100 元。"

追问客户的疑虑，关键在于以坦诚的态度询问客户的感受和想法。

"坦白说"这3个字像一个引子，能够引导客户说出自己的真心话。类似的表达还有"如果您能真实地告诉我""希望您不要有太多的顾虑，有什么想问的可以直接问我……"当客户同意说出自己的疑虑后，销售员要适当追问，如"您是怎样认为的呢"等。"您是怎样认为的呢"和"您是怎么想的呢"这两个问题是了解客户真实想法的良好途径，可以有效帮助销售员追问出客户的疑虑。除了这种提问方式外，销售员还可以用客户的话反问客户：

　　例如，客户说："你们这款产品太贵了，我怕买得不值。"

　　销售员可以适当追问："您说的价格贵具体是与什么相比呢？"

　　这时客户可能会说出各种原因，如客户回答说"我发现你们家的产品要比别家的产品贵200元""我之前买过同类产品，才300元，你的报价居然是600元，太贵了""这条裤子的布料不太好，根本不像800元一条的裤子"等。但无论客户的回答是什么，都是他最真实的想法，也正是他的疑虑点。只要销售员能够有针对性地化解他的疑虑，离快速促成交易就又迈出了一大步。

　　销售员要巧妙使用"坦白说"和"您是怎么认为的呢"，有效问出客户的疑虑。

明确客户期望的问题

在现实销售中会出现这样一种情况：客户内心已经打算购买产品，但迟迟不做出成交决定。这时，销售员需要注意，可能是你的产品或服务的哪一点还没有达到客户的期待。这时销售员就需要提问一些能明确客户期望的问题了。

（1）直接询问法

直接询问法就是直接向客户提问，如"您希望多少钱呢""您希望买什么颜色的呢"等。也就是说，以"您希望"作为开头进行提问，以明确客户的期望。这里需要注意的一点是，销售员要注意自己的询问态度，千万不要带着反问或不耐烦的态度。

服装销售员刘洋碰到一位年轻的女客户，客户看上了一条连衣裙，并且明确地表现出自己对连衣裙的喜爱，可又迟迟不说购买。

这时，刘洋说："我看这条裙子挺适合您的，您刚才也试穿了，很衬您的身材。如果喜欢，您现在也可以穿着走。"

客户看着裙子点点头，说："确实还挺好的，可是我觉得这条裙子的价格太高了。"

刘洋立即就从客户的回答中得出客户对裙子本身或自己的喜好确认无误，但是觉得价格高了。这时李洋接着问："您希望花多少钱买这条裙子呢？"

漫画图解·销售书系
销售一定要会提问
——高效成交的6个提问策略

王总，如果您是我，您会如何解决××问题呢？

转换立场以明确客户的期待。

客户想了想，说："我觉得 180 元还差不多。"

刘洋从客户的回答中知道了客户希望花 180 元买到这条裙子。一旦明确客户的期望，销售员就能够针对客户的期望调整销售方案，如刘洋权衡之后，做出了妥协，以 180 元的价格把连衣裙卖给了客户，实现了成交。即使不能满足客户的期望，销售员也可以针对客户的期望进行谈判，最终选择一个折中的办法促成交易。

（2）巧妙地转换立场，明确客户的期望

明确客户的期望除了直接提问外，还有一个有效的办法，就是转换立场，即让客户站在自己的角度上思考如何做才能妥善地解决这个问题。例如，"张总，如果您是我，您会怎么处理呢"等。

许多人曾有过这样的体验，就是当我们想对某人表达出自己的真

明确客户的期望有助于解决问题。

实想法但又碍于各种原因不好直接表达时（怕对方误会自己在指教），我们常常会说"如果我是你，我会……""如果我是你，我会采取XX方式来解决这个问题"等。这在无形间就提出了自己对对方的期望，对方也能从你的话语中得知你是怎么想的，你的期待是什么。

同样，在销售中，销售员也可以从这个角度向客户提问。只要客户告诉你他会如何妥善地解决这个问题，你就明确了他的期望。

销售员王明在和客户就一个方案进行讨论，时间过去一半了，客户对王明提出的方案还是不满意，但是又没有具体的建议，只是说："我感觉这个方案像少了一点儿什么，可具体的我也说不上来。"

王明此时也知道客户对解决方案有别的期待，没有着急追问或进行新一轮的解释，而是问客户："王总，如果您是我，您会如何解决这个问题呢？"

客户听见王明如此询问，于是说出了自己的看法："如果我是你的话，我会先……再……最后再……"

王明从客户的话语中了解了客户对解决方案的期待，于是针对方案中的一些细节又和客户进行了深入的讨论，最终成功地敲定了方案。

王明巧妙地通过转换立场明确了客户对方案的期待，不但让沟通更加顺利，还解决了方案中一些不太完善的地方，最终和客户达成了共识。

这里需要重点强调的是，明确客户的期望和满足客户的期望是两回事。满足客户的期望并不是一味地折损自己的利益，销售员要让销售变成一种互利行为，双方都是赢家，而不是只有一方是赢家。

因此，销售员了解客户的期望之后，最好的处理方式是自己相应地做出一点让步，但是客户也要做出一定的努力。例如，销售员根据客户的期望答应给客户多出 5% 的折扣，但是客户也要增加一定的采购量等，让这笔交易值得做。

明确客户的期望不代表满足客户的一切期望，更不是一味地折损自己的利益。

有效推进销售进程的问题

漫画图解·销售书系
销售一定要会提问
——高效成交的6个提问策略

在现实销售中，有时候销售员或客户会无限拉长销售进程，其实"战线"拉得越长越不利于销售成交，这不仅会降低工作效率，也会降低销售的成功率。随着时间的推移，客户的购买欲望可能会随之降低，甚至犹豫之后直接放弃购买。所以，到了销售后期，销售员要积极地问客户一些能够有效推进销售进程的问题，尽快让客户做出购买决定。

（1）强化客户的购买动机——再度追问"您感觉怎么样"

在销售成交环节，如果客户对产品表示满意，但一时又不急于成交，销售员可以再度追问客户"您感觉怎么样"。这种追问既能让客户再次回顾产品的美妙之处，加强对产品的好感，又能有效地推进销售进程，因为客户能够从你的话语中得到"如果没有什么意见，就可以成交"的信号。

然而，不少销售员会忽略这个提问，甚至觉得这个提问没有必要。事实上，通过这个提问，客户会自觉地总结自己的感受。如果客户的感受上佳，就会做出购买决定。

相反，如果客户体验不佳，即便销售员说破了嘴皮，客户也不一定会选择购买。这时销售员可以通过该提问来适当地结束销售进程，而不是在不可能成交的客户身上耽误太多时间。

再度追问能有效推进销售进程。

销售员再次询问客户："张小姐，您听了我刚才的介绍，感觉怎么样呢？"

客户回答："我感觉还挺好的。"

销售员："真的很开心您能这么说，那么具体来说呢？"

客户："我家里的那款榨汁机清洗起来不是很方便，而且不便于携带，所以这次购买我就打算买个方便携带和易清洗的，你刚才推荐的这款榨汁机刚好满足我这两个方面的需求。"

销售员通过再次询问客户"您感觉怎么样"让客户对产品形成具体的印象，并了解产品对自己的契合度。而这里的感受是客户自己总结出来的，因此更具有真实感和说服力。

相反，如果销售员对客户说"就是要买这种方便携带、易清洗的榨

这么做会带来哪些变化呢？

暗示产品能带来的变化，能有效推进销售进程。

汁机"，客户可能会想"也许是这样吧"，但她会觉得自己在被销售员暗示什么，而这种暗示感会带来一种不踏实的感觉，即觉得销售员是有意为之，目的就是让自己购买产品。一旦客户产生这样的感觉，销售员再想达成交易就很难了。

当然，当销售员询问客户的感觉怎么样时，客户的感觉不一定都是正面的、积极的，客户也许会这样说"不太好，因为……""我不是很喜欢……""我对……不太满意"等。

销售员："您觉得怎么样呢？"

客户："我觉得这款产品不一定适合我，虽然它确实很好。"

销售员："您能具体地说一下您为什么会有这样的感觉吗？"

客户："因为我……因此……所以……"

销售员："这样啊，您觉得如何处理呢？"

客户："我还是想要试一下……"

我们从案例中可以看出，当销售员想进一步强化客户的购买动机时，客户给出了偏负面的回应。但销售员并没有急着为自己的产品辩解，反而询问客户对产品不满意的具体原因。这种回应方式会让客户进一步说出自己的真实想法。在此基础上，销售员进一步询问客户的建议，就能有效地推进销售进程了。

（2）强化客户的购买意愿——"这么做会带来怎样的变化呢"

追问"您感觉怎么样"，这是询问客户对产品的看法。在此基础上，销售员询问客户"这么做会带来怎样的变化呢"，可以提醒客户思考如果购买这款产品会给他带来的好处，进而强化客户的购买意愿。

销售员："这样做会带来怎样的变化呢？"

客户："我觉得时间久了，皮肤会变得更好，整个人也会显得更有神采，也会看着更年轻吧。"

销售员："对，皮肤好就是有这样的好效果。我们这款产品……"

询问客户"这么做会带来怎样的变化呢"，可以让客户自己想象使用这款产品后所能得到的利益，能让客户沉浸在使用产品所带来的美好想象中，进而促使他们做出购买决定。

（3）让客户体会产品的好处——"对这个产品的价值，您有什么样的看法"

销售员对客户提问，"对这个产品的价值，您有什么样的看法"，与询问客户"您感觉怎么样"具有异曲同工之妙。这里的提问偏向于让客户自己去感受、总结产品对自己的价值。

销售员询问客户："对这个产品的价值，您有怎样的看法呢？"

客户："我觉得这款产品挺不错的啊！"

销售员："您能具体说说这款产品对您有什么样的价值吗？"

客户："嗯，我刚好想要购买这样一款软塌塌的沙发，我觉得窝在上面睡觉应该很舒服。我刚才也坐上去体验了一下，感觉很好。另外，这款沙发外形也比较时尚，不像之前用过的那种中规中矩的样子。"

销售员："确实就像您说的那样，这款沙发的特色就是时尚、舒适，而且您再来感受一下这材质，摸起来很软、很舒服。我形容不好这样的感觉，但是就是觉得很棒。"

客户（摸了摸）："确实是这样，真的很舒服呢。"

销售员一方面询问客户，加强客户对产品的印象和好感；另一方面在客户表达自己对产品的正面评价时，销售员适当地补充或着重强调产品的价值，从而推进销售进程，让客户尽快做出购买决定。

值得强调的是，销售员提出问题后，要结合客户的答案进行进一步追问，以逐步增强提问的效果，让客户感受到产品对自己的重要性，使其产生想要拥有产品的愿望。

强化客户的购买动机和意愿，并再次让其体验产品的优势，有助于推进销售进程。

结论提问：让客户提出成交

结论提问，即在提问中让客户自己得出购买的结论。

结论提问的好处在于，因为购买的结论是客户自己做出的，所以可信度更高，也更具有真实感。相反，如果这个结论是由销售员得出的，那么客户就会心生疑惑，担心这是不是销售员设下的陷阱或怀疑这笔交易是否有问题等。一旦内心的疑惑加剧，客户很可能就会放弃成交。

销售员说："张先生，这么说来，您觉得怎么做才最好呢？"

客户："我觉得我还是试一试比较好，万一获得了更好的效果呢。毕竟之前使用的产品效果都不好，但是又不能不用，我还是试一试吧。"

销售员："您大可以放心，我们的产品一定会让您满意的。"

相反，当销售员主动给客户得出结论，又是怎样的效果呢？

销售员："张小姐，您还是在我们这里购买比较好，您觉得呢？"

客户："额……是吧。"

销售员："您大可以放心，一定会让您满意的。"

客户："额……好的，我再看看吧。"

一般来说，如果是销售员得出结论，会让客户有种强迫自己接受的感觉。因为在客户看来，销售员是一定会为自己的产品或服务说好话的。销售员的过分强调或推荐，会让客户有一种"我可能要掉到陷阱里面"的感觉。

张先生，这么说来，您觉得怎么做才是最好的呢？

我觉得还是试一试吧。

把决定权交给客户。

让客户自己提出成交和销售员推着成交，两者大有不同。当客户自己做出成交的决定时，客户会倾向于选择价格相对较高的产品，并且尽可能多购买一些，因为他十分信任自己的选择。相反，如果是被销售员推着做出决定，客户会抱着试一试的心态去购买价格便宜、少量的产品。

让客户自己提出成交更具有说服力。这种情况下，销售员除了可以向客户提问"这么说来，您觉得怎么做才是最好呢"，还可以采取以下几种结论提问的方式，让客户主动提出成交。

（1）暗示客户可以成交了——"您还有什么其他想要了解的吗"

一般来说，在销售后期，销售员已经将产品的方方面面介绍得很清楚了，这时销售员问客户"您还有什么其他想要了解的吗"能很好地帮

您觉得这双鞋子还满足您的要求吗?

还挺好的，我就买这双吧。

暗示客户这正是其要的那款产品。

助成交。因为前期工作已经做得很到位，此时客户也正如销售员所预料的那样，并没有什么问题想要询问。客户可能会说"没有什么想问的了，我是不是现在就可以购买了，有什么优惠吗"。在此阶段，客户已经进入主动提出购买的流程了。

需要注意的是，销售员说出这句话时要注意时机，只有在基本掌握客户已经没有什么想要了解的时才可以说出。这样，听到问题后客户无形间也会注意到自己的选择，即意识到自己对产品已经了解得很透彻了，是时候成交了。

（2）提醒客户这正是您要的那款产品——"您觉得这产品还满足你的要求吗"

在销售员发现客户的需求并按照客户的需求给客户推荐了产品，

客户也表示自己对产品比较满意之后，销售员询问客户"这产品还满足您的要求吗"，客户会下意识地做出判断，主动得出结论，如"还挺好的，我就要这个吧"。

相反，如果产品没能达到客户的要求，那么销售员也可以进一步询问产品哪里没能达到客户的要求，以便进一步做出解释或者做别的推荐，直到推荐到客户满意的产品，实现成交为止。

（3）暗示客户要趁早做决定——"我们店里也只剩下这两件了，您是喜欢黑色的这款吧"

当销售员已经向客户介绍了产品的各种特点和功能后，客户也表现出了极大的兴趣时，销售员可以问一句"这件产品确实是热销品，您看我们店里也只剩下这两件了，您是喜欢黑色的这款吧"。首先，这句话暗示客户"产品很热销，如果不买就买不到了"，增强客户的紧迫感。其次，销售员在产品的颜色上做文章，通过二选一的策略试探客户的想法，如果客户确实喜欢这款黑色，那么在销售员的提问下，就会主动确认并提出成交；如果客户并不喜欢黑色的，他也会明确告诉销售员自己喜欢什么颜色，也就等于确认了成交。

因此，当销售员问出这句话之后，只要客户给出明确的答案，就等于确认成交了。当然，也可能会出现客户说"等一等，我还要再考虑一下"的情况，那就等于销售进程又退回到第五章评估销售机会的环节。销售员就需要再参考第五章的技巧重新走一遍流程了。

暗示客户可以成交一定要注意时机，确保客户对产品已经没有疑虑。

第七章

让客户转介绍的提问策略

在售后追踪这个阶段，销售员重点掌握如何通过提问让客户愿意帮助转介绍，以实现"一生二、二生四……"的销售效果。

01

在客户内部发展更多的"销售员"

当交易达成之后，就进入了售后跟踪阶段。不少销售员常忽视这个阶段的重要性，往往把一段销售关系的结束定位在产品销售出去的那一刻，和客户的联结也就延续到产品销售出去的那一刻。其实，这是错误的。

在销售中有一条黄金法则：开发 10 个新客户，不如维护一个老客户。因为让一个老客户转介绍的难度比自己开发一个新客户的难度低。因此，让老客户帮助转介绍，在老客户内部发展更多的"销售员"，是售后环节的重要工作之一。做好这项工作对销售员来说有 3 个好处。

好处一：成本低。销售员不需要花费太多的时间、精力去说服被介绍过来的新客户购买产品，因为这部分工作已经由转介绍的老客户承担了。

好处二：效率极高。因为新客户已经从介绍人那里获得了关键的卖点信息，毕竟谁也不愿意把自己不喜欢、使用体验不好的产品或服务介绍给身边的人。因此，到了销售员这一层，新客户只是了解一些基本信息，如款式、价格等，只要找到符合自己预期的产品，他们很快就会做出购买决定。

好处三：潜在价值大。销售员和被介绍来的新客户之间形成了新一轮关系，又可以从该客户身上获得其他的潜在客户，继续建立新的转介

你的产品或服务能够打动客户，
转介绍就是水到渠成的事。

绍关系。

　　很多销售员曾听到客户这样说："我是朋友推荐过来的""我同学和我说你们家的产品非常好""我看到好朋友在用这款产品，她说挺好的，我也想试试"……这些都说明是在自己"不知情"的情况下老客户向身边的人做了转介绍。

　　这也给了销售员一个启示：如果你的产品或服务真的能够打动客户，转介绍就是水到渠成的事。当然，如果销售员坐等客户主动、自觉地进行转介绍也不太可能，毕竟还有很大一部分人即使觉得产品、服务不错，也不会主动介绍给身边的亲戚、朋友。因此，销售员必须学会运用一些技巧提醒客户帮忙转介绍。这里，我们重点介绍一下如何运用提问的方式让客户帮忙转介绍。

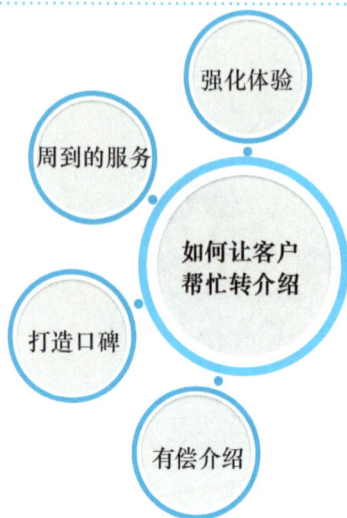

让客户帮忙转介绍的技巧。

（1）强化体验

你的产品效果好、质量高，能够满足客户需求，帮助客户解决问题，这是销售员请老客户帮忙推荐的基础。

（2）周到的服务

周到的服务能够让你的销售加分。客户购物非常注重购物体验，如果你的服务让客户觉得周到有加，再加上产品的精良，老客户自然会愿意将你的产品转介绍给自己的身边人。这里就需要销售员在给客户提供服务的时候保持真诚、耐心、礼貌，真心地帮助客户解决问题。

（3）打造口碑

销售员在客户心中其实是零信用度的，但是一旦客户对销售员充满信任，其内心就会很肯定销售员所介绍的产品，也会想把自己用得好的

开发10个新客户，不如维护一个老客户。

产品介绍给自己的朋友。而销售员与客户建立信任的一个很好的办法，就是让自己成为行业内的专家。这一点我们在第三章也有相关的内容介绍，销售员需要用自己的专业能力帮助客户答疑解惑，帮助客户成功解决麻烦。这样，当客户的朋友也出现了此类状况时，客户就会毫不犹豫地把销售员转介绍给自己的朋友。

（4）有偿介绍

人有趋利避害的心理，愿意为了得到某种好处而去做某事。销售员可以通过有偿介绍的方式吸引客户帮忙转介绍。有偿介绍，即邀请老客户推荐新的客户过来，老客户可以享有一定的折扣、优惠或现金礼包，以此来吸引老客户帮忙推荐。

例如，"如果您能介绍 3 个新客户，我们会赠送您价值 99 元的大礼包一份""如果您愿意将我们的产品推荐给您身边的人，我们会免费送您一份 XX 产品""您如果成功为我们介绍新的客户，我们会赠送您 XX 元的红包"等，利用利益驱动客户介绍也能达到好效果。

不过这里值得强调的是，销售员要保证产品或服务本身的优秀。如果产品或服务本身不优秀，即便有客户愿意介绍，被介绍的客户也不一定会埋单。产品本身足够优秀，才能成为被介绍的可靠资本。

总之，在客户内部发展更多的"销售员"，是一件很有必要的事情。一旦发展成功，这一行为能够给销售带来长久的 N 倍增长的利益。因此，销售员要有在老客户中发展更多的"销售员"的意识，并积极寻找办法，让老客户成为自己的伙伴。

在客户内部发展更多的"销售员"，是售后环节的重要工作之一。

02

如何问出客户不想推荐的顾虑

尽管让客户转介绍的好处很多，而且很多销售员也会尽力去做这件事，但在让客户转介绍的过程中依然会遇到各种阻碍，甚至被客户直接拒绝。这时销售员就要对症下药，问出客户不想推荐的顾虑。每个客户不愿意转介绍的背后一定有他的考量和顾虑，如果销售员被拒绝后就直接放弃，不再深究客户的顾虑是什么，那么能够得到转介绍的机会就会很少。只有问出客户的顾虑，并积极地为他解除顾虑，才能赢得更多的转介绍的机会。

（1）共鸣式提问，让客户知道你理解他

销售员首先要充分理解客户不想推荐的心，甚至从某种程度上来看，客户拒绝你才是正常的，毕竟他没有义务为你"推销"产品和服务。因此，当客户表示自己不想推荐时，销售员不要表现得过于急切、失落，而是要真诚地表示理解客户的难处，如"其实我也知道这样请求您有点唐突。如果我是您的话，我也会下意识地拒绝，因为我会觉得贸然接别人推荐的产品有一定的风险。我能问一下，您的顾虑是什么吗"等。

一般情况下，当销售员采用这种共鸣式提问时，客户都会因为被理解而不好意思再拒绝销售员，进而说出自己的顾虑，如"我不太确定我的朋友会不会喜欢这件产品""我不太想担这个风险，如果朋友因为我买到不适合的产品，于我于他都不是一件好事""我以前没有这个习

如果我是您的话，也会下意识地拒绝。

共鸣式提问：先理解客户再问顾虑。

惯，觉得不好向朋友开口"等。

问出客户的顾虑之后，销售员就可以对症下药地提供解决方案，如"的确是这样，我的很多客户一开始也会有这样的顾虑。不过当他们觉得我们的产品真的非常好用，不自觉地告诉身边的朋友之后，发现其实朋友们很喜欢这样的分享。他们甚至因此和朋友之间的关系变得更加紧密"。经过这样的解说，相信客户会在一定程度上转变想法。如果接下来他们真的从转介绍中获得价值，就会变得更加积极。当然，这一切的前提都是以你的产品或服务的确非常不错为基础的。

（2）自我检讨式提问，让客户感受到你的真诚

销售员要想问出客户不想推荐的顾虑，除了共鸣式提问外，还可以运用自我检讨式提问。通过检讨自己的产品、服务是否有让客户不

张小姐，是不是我们还有不太周到的地方，所以您觉得推荐给朋友会不合适？

自我检讨式提问会让客户感受到你的真诚。

太满意的地方，来锁定客户具体的顾虑。

例如，销售员说："张小姐，您能帮忙向您身边的朋友推荐我们的产品吗？"客户态度很勉强："嗯……行吧，如果有机会的话。"销售员从客户的态度和话语中读出了客户的潜台词是"不会推荐的"。此时销售可以这样询问客户："张小姐，是不是我们这次的服务让您不太满意？是不是我们还有不太周到的地方？所以您觉得推荐给朋友会不合适。"

一般来说，面对销售员如此坦诚的自我检讨，客户都会告诉销售员自己的顾虑到底是什么。例如，"整体来说，你们的服务我觉得很好。不过，你们的产品在 XX 方面的使用体验让我觉得不太好……""和你们的服务无关，主要是因为我还没有完全了解你们的产品，如果后期用起来真的不错的话，会考虑推荐给朋友的"等。

这里需要强调的是，销售员在询问时要注意自己的眼神、表情和声音，要让客户感受到你的真诚、恳切，而不是带着咄咄逼人的气势。

此外，自我检讨的内容也要斟酌，最好是你的优势领域，就是客户挑不出问题的，当你提问后客户会对此做肯定回答的。按照中国人的沟通习惯，一般不会当面批评他人，所以如果你检讨的问题恰恰是客户的顾虑，可能客户也不会直接说，而是简单地表示"没有这种情况""你们的服务很好，是我自己没有向他人推荐产品的习惯"等。如此一来，想要锁定客户具体的顾虑就会比较难。如果你也不能确定客户对你的产品或服务哪些方面比较满意，可以从优势卖点切入。即使得到模糊的回答，但让客户感受到你的真诚，对你们接下来的沟通也会有一定的好处。

（3）直白式提问，让客户感受到你的直爽

直白式提问就是销售员直接向客户发出转介绍的提问。这对性格直爽的客户来说，也不失为一种好的提问方式。例如，"张先生，您能帮我向身边的朋友推荐一下这款产品吗"，客户回答"这个不太好开口"。此时，销售员也不要过分迂回，可直接询问："张先生，您方便细说一下这个情况吗？是不是有什么让您觉得很为难的事情？"

这种提问方式也能问出客户不想推荐的顾虑，但销售员需要注意自己的语气、表情和态度，要让客户感受到你的直爽、真诚，绝对不能流露出一丝一毫地指责、抱怨的情绪。

以上 3 种是常见的，也是比较好用的问出客户不想推荐的顾虑的提

问方式。销售员在使用的时候一定要有度、有节。如果销售员再三询问，客户还是不愿意说出自己不想推荐的顾虑，销售员就不要再追问了，而是要尊重对方的想法，否则你可能会失去这位老客户的信任，那就得不偿失了。

采用直白式提问一定要注意自己的语气、表情和态度，绝对不能流露出一丝一毫指责、抱怨的情绪。

引导客户关注变化的问题

有时候客户购买了产品或服务，因为产品见效周期长，所以客户很可能没能及时关注到使用产品或服务之后的变化，这无形间影响了客户对产品效果的了解，会进一步影响客户转介绍的热情。

针对这种情况，销售员可以通过提问引导客户关注使用产品或服务之后的一些好的变化。这里的变化主要指 3 个方面。

第一个方面，使用产品或服务后自己的生活、工作发生的变化，如客户使用一段时间某款护肤品后皮肤变得更加水润。

第二个方面，使用产品或服务后带给自己的价值变化，如客户健身一段时间之后身体变得更加强壮。

第三个方面，使用产品或服务后影响未来可能发生的变化，如客户使用扫地机器人一段时间后发现自己多了很多空闲时间，自己的心情也开始变得更加愉快，这些对自己未来的家庭关系、自我发展等都会产生积极的影响。

在实际运用中，销售员要根据产品或服务的性质、使用的范围和效果来决定具体应该从哪个方面进行提问。归根结底，提问的目的是"提醒"客户关注产品或服务给他带来的好处，然后顺势请他进行转介绍。

（1）引导客户关注生活、工作上的变化

日常生活和工作上的变化是最容易被忽视的，就像每天都要走过

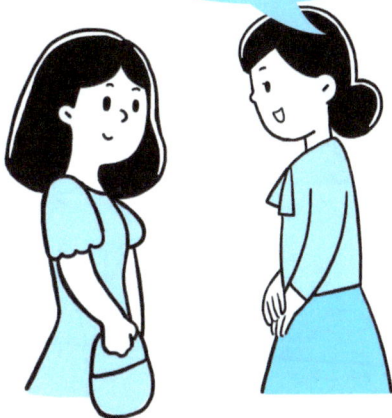

引导客户关注日常生活的变化。

的街道一样容易让人熟视无睹，如果不经他人提醒（或搬上大银幕），人们很难有新的感受。因此，销售员要有意识地引导客户关注自己使用产品之后生活和工作上发生了哪些变化，进而深层次地感受到产品或服务的价值，对产品产生更强烈、真实的好感。

销售员："张小姐，您使用这款产品后觉得自己的生活发生了哪些变化呢？"

客户："嗯，变化还是有很多的。比如我最近皮肤变得更好了，我同学都说我变漂亮了，连我妈妈都说……"

销售员："那真的是太好了。"

案例中的销售员就是通过引导客户关注日常生活的变化，让客户对产品的好感度也跃升一个层次的，也为接下来请求客户转介绍做好了铺垫。

引导客户关注产品给自己带来的利益。

（2）引导客户关注产品给自己带来的利益

有时如果销售员不提醒，客户很难意识到产品给自己带来的利益，或意识不到这种变化对自己的重要性。

销售员："张小姐，您在使用这款安眠枕头之前是一种什么状态呢？"

客户："在购买之前，我老是受到失眠的困扰，晚上总是睡不着。"

销售员："那您一般要花多长时间入睡呢？"

客户："基本上都是 2 个小时，翻来覆去地睡不着，第二天精神状态会很差。"

销售员："现在呢？使用这款安眠枕头之后感觉怎么样？"

客户："感觉挺好的，我现在上床 20 分钟就能睡着。关键是这款安眠枕头味道闻着很舒服，让人很放松，而且枕头的高度适中，软度也

漫画图解·销售书系

销售一定要会提问

——高效成交的 6 个提问策略

刚好。"

销售员："看来这款枕头帮助您提高了睡眠质量。"

客户："的确是这样。"

销售员："真开心您有这样的转变，我们的产品能帮助您解决失眠的问题我真的太高兴了。如果您身边有同样受到失眠困扰的朋友，也可以推荐来购买我们的枕头哦！"

客户："好的。"

案例中的销售员成功地引导客户关注使用帮助睡眠的枕头后所带来的利益，如入睡快、精神状态良好等，从而关注产品本身的价值，形成一种"这产品功效很好"的心理感受。一旦客户的内心产生信服感，自然就会愿意将产品介绍给自己身边的人。

（3）引导客户关注使用产品后未来可能发生的变化

销售员除了要引导客户关注使用产品前后的变化外，还要通过提问让客户关注未来的问题，让其切实地感受到他所购买的产品或服务在未来的延伸价值，并且确信自己的购买决策是正确的，进而更有底气地将产品或服务介绍给自己的身边人。

销售员说："您在使用了我们的云工作平台以后发生了哪些变化呢？"

客户："帮我节省了很多时间，提升了工作效率，让我能尽快下班去做一些很重要的事情。"

销售员："什么样的重要事情呢？"

客户："像陪陪家人，之前我都没有太多的时间陪孩子。"

销售员："这将会带来什么变化呢？"

客户："有时间陪孩子之后，既能辅导孩子的作业，帮助孩子规划未来等，又能改善与孩子之间的亲子关系。"

销售员："这样啊，那真的很不错。"

销售员通过引导客户关注使用产品之后未来可能发生的变化，让客户描绘未来的样子，真实地感受到产品给自己带来的积极影响。在销售员有意识的提问下，客户更切实地感受到了产品的价值，即因使用产品而获得更多的陪伴家人的时间。陪伴增多，很多情况会得到改善。相反，如果销售员不去刻意提及，即便变化已经产生并延续到了未来，客户也可能没有"看到"，这在无形间降低了产品在客户心中的价值。

因此，引导客户关注变化的问题是非常重要的，这能让客户意识到产品给自己带来的积极的、长久的变化，进而使其关注产品的价值，帮助其对自己使用过的产品形成新的认识。好感一旦形成，销售员再让客户帮忙转介绍就会容易很多。

一旦你的客户关注由产品带来的变化，他会立即意识到你的产品是有效果的。

04 直接要求客户推荐的问题

　　成功的销售员不会放弃每一个潜在的销售机会，他们会觉得每一位老客户都有可能给自己带来新客户，甚至有的销售员会把"来自客户的推荐"作为自己工作的核心内容，她们不会静待客户的主动介绍，而是主动要求客户推荐自己的产品。但直接要求客户推荐自己的产品，不是简单的一句"能帮我向您的朋友推荐一下我们的产品吗"就可以的，也要讲究提问技巧，让客户愿意为你推荐。

　　（1）以价值为前提直接要求客户推荐

　　销售员可以以价值为前提直接要求客户推荐，如销售员直接提问"如果我们的产品对您有帮助，能麻烦您帮我们向您身边有需要的朋友推荐一下吗""如果我们的这次合作让您觉得很愉快，您能帮我们宣传一下吗"等。

　　销售员说："如果我们的产品对您有帮助，能麻烦您帮我们向您身边有需要的朋友推荐一下吗？"

　　客户："可以啊，没问题。"

　　销售员："太谢谢您了，那我接下来好好给您介绍一下。"

　　客户："好的，很期待呢。"

　　我们分析一下"如果我们的产品／服务对您有帮助"这句话的作用。首先，这种要求一般不会让客户产生为难感，因为你要求的转介绍有一

如果我们的产品对您有帮助，能麻烦您帮我们向您身边有需要的朋友推荐一下吗？

以价值为前提直接要求客户推荐。

个前提，即"产品/服务对您有帮助"；其次，客户经过销售员问题中的"有帮助"的提醒，无形间会形成"这个产品是不错的"的意识，进而倾听销售员接下来的话，如此一来拒绝转介绍的可能性就会小得多。

（2）以帮助身边的人为由直接要求推荐

销售员在向客户销售产品时，可以适当地问客户"您身边有同样需要的朋友吗"。一般情况下，听到销售员如此提问，客户就会知道销售员想让自己帮忙向身边的朋友推荐产品。这个时候，如果销售员再适时地表示推荐产品给身边的人不仅可以给他们送去帮助和实惠，自己也能享受一些折扣，客户一般就会很高兴地答应做转介绍。

经过销售员的推荐，客户购买了一支心仪的口红。

完成付款之后，销售员问客户："您身边有需要化妆品的朋友吗？可您和朋友一起来，还可以享受"闺蜜折扣"……

以帮助身边的人为由直接要求推荐。

以推荐她们来这里购买哦，我们会不定期举办优惠活动，很划算的。您和朋友一起来，还可以享受'闺蜜折扣'……"

客户听后欣然答应："好啊，没问题，我有一个好朋友刚好也想买支口红，下次我带她一起过来。"

销售员："真的太谢谢您了……"

案例中的销售员就是以"闺蜜套餐"为由，让客户感受到有必要介绍给和自己亲近的朋友的。只要销售员与客户保持着和谐友好的关系，销售员提出这句请求就不会招致客户太大的反感，反而会让客户积极

直接让客户推荐，销售员要让客户觉得他值得这样做。

搜罗身边有哪些朋友或许存在同样的需要。

（3）直接提供转介绍的话语

销售员要把自己从"卖东西的人"的身份中解脱出来，让自己成为一个"给客户提供信息的人""帮助客户解决问题的人""满足客户期待的人"，并主动为客户提供转介绍的话语，这会省去自己很多精力。

例如，"张小姐，方便的话，能不能麻烦您告诉身边的朋友'这个产品对我的XX问题很有帮助，所以我认为对你也会很有帮助'""李女士，如果您身边也有想要减肥的朋友，您是否可以告诉她'我采纳了XX减肥中心的建议后，已经瘦了10斤'"等。

这种提问方式的好处在于，直接把转介绍的话语帮客户拟好了，客户只需转述即可。这对那些不知道如何开口、不知道怎么表达的客户来说，会非常方便，同时也可以有效地提高他们转介绍的信心。但需要注意的是，你给客户提供的话语一定要委婉、不着痕迹，最重要的是这要建立在你的客户已经见到效果或者享受到产品带来的价值的基础上。

总之，销售员直接要求客户转介绍时不能只是简单地说一句"能把我的产品介绍给您的朋友吗"，而是要让客户从你的问题中得到有用的信息，让他们觉得推荐是一件举手之劳的事情，而不是一件勉为其难的事情。

> 如果销售员提前帮客户拟好转介绍的话语，客户就会比较配合。